魅力新疆 系列丛书

多元新疆

于尚平 编著

五洲传播出版社

图书在版编目（CIP）数据

多元新疆 / 于尚平编著. — 北京：五洲传播出版社，2013.6
（魅力新疆）
ISBN 978-7-5085-2607-2

Ⅰ.①多… Ⅱ.①于… Ⅲ.①宗教–介绍–新疆 Ⅳ.①B929.2

中国版本图书馆CIP数据核字(2013)第225175号

多元新疆

编　　著：于尚平

审　　读：马品彦　李建生

图片提供：新疆维吾尔自治区新闻办公室　于尚平　CFP

责任编辑：宋博雅　张彩芸

封面设计：丰饶文化传播有限责任公司

内文设计：北京优品地带文化发展有限公司

出版发行：五洲传播出版社

社　　址：北京市北三环中路31号生产力大楼B座7层

电　　话：0086-10-82007837（发行部）

邮　　编：100088

网　　址：http://www.cicc.org.cn　http://www.thatsbooks.com

印　　刷：北京光之彩印刷有限公司

字　　数：80千字

图　　数：100幅

开　　本：710毫米×1000毫米　1/16

印　　张：10.5

印　　数：1—3000

版　　次：2014年8月第1版第1次印刷

定　　价：48.00元

（如有印刷、装订错误，请寄本社发行部调换）

出版前言

新疆维吾尔自治区（简称新疆）地处中国西北边陲，面积166.49万平方公里，占中国国土面积的1/6，陆地边境线5600多公里，周边与蒙古、俄罗斯、哈萨克斯坦、吉尔吉斯斯坦、塔吉克斯坦、阿富汗、巴基斯坦和印度8个国家接壤，是古丝绸之路的重要通道。

新疆有长达数千年的文明史，自古以来就是一个多民族聚居和多宗教并存的地区。从西汉时期（公元前206年至公元25年）开始，它成为中国统一的多民族国家不可分割的重要组成部分。

新疆是中国5个少数民族自治区之一，现有55个民族成分，主要包括维吾尔、汉、哈萨克、回、柯尔克孜、蒙古、塔吉克、锡伯、满、乌孜别克、俄罗斯、达斡尔、塔塔尔等。2013年末，新疆总人口约为2264.30万人，其中少数民族人口约占61%。

新疆有数不清的名胜古迹，有充满传奇色彩的历史故事，有灿烂的民族文化、浓郁的民族风情、多元的宗教信仰；这里地处欧亚大陆腹地，有独特的自然条件，地形多种多样，风光雄浑壮美；这里物产丰饶，有丰富的矿产资源，牛羊成群，粮棉遍野，瓜果四季飘香……新疆是个散发着神奇魅力的地方！

为了让国内外的广大读者了解一个立体的、鲜活的、开放的新疆，我们编辑出版了这套"魅力新疆"丛书。本丛书共10册，分别介绍新疆10个方面的基本情况。希望本丛书能带您展开一段"魅力新疆"之旅。

2014 年 8 月

目 录

古老神奇的宗教信仰

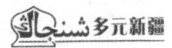

在外来宗教传入前，新疆境内长期流行的是原始宗教。由于生活在新疆这块土地上的原始人，面对自然力量的"强大"非常惧怕，同时对大自然的千变万化以及人自身的一些生理、心理现象无法捉摸，进而自发产生了一系列的幻想。为了获得大自然的恩赐，人们便通过各种形式，开始了对自然的崇拜，我们把这种崇拜称之为"原始宗教"。

充满神奇色彩的新疆原始宗教

自然崇拜

自然崇拜是新疆古代先民普遍存在的最原始的宗教现象。人类最初崇拜的对象，都是与他们的生活环境有密切联系的自然现象，如天体、大地、水、火、日、月、星辰、雷电等等。原始人群落所赖以生存的地理环境不同，因此自然崇拜的对象也不相同。虽然历史已经十分久远，但至今在新疆各地的民间仍保留着许多自然崇拜的遗俗。

"腾格里"之崇拜

在自然崇拜中，对天的崇拜在西域先民中具有特殊的地位。古代先民对苍天、日月星辰怀有神秘、喜爱的感觉，后来逐渐认识到星辰移动的规律，借以安排狩猎、游牧、农耕活动，认为星辰位置的变化预示着人间的祸福，由此产生了对天体星辰崇拜的观念。至今一些人仍然认为，地上有一个人天上即有代表他生命的一颗命星，那颗命星陨落，他就死亡。在民间诗歌中，常把自己的心上人比作星星，日常生活中人们也常用星辰的名字给女孩子取名。

"腾格里"，这一名称来源于公元前 3 世纪的突厥语，可见匈奴人很早就有了对苍天的崇拜。《汉书》中就曾有记载，说匈奴人把腾格里尊为天神，并设祭坛，给以特殊的崇拜。匈奴酋长称为"撑犁孤涂单于"，"撑犁"即"腾格里"的不同汉译，"孤涂"为"子"，意即"苍天之子"，这与内地中原皇帝称"天子"是一个意思。匈奴冒顿单于

"祭日"仪式上罗布人跳起狮子舞。"祭日"是罗布人祭典活动中的一部分，意在感谢太阳神保佑人畜兴旺、大地平安。

哈萨克人认为月牙儿口倾斜则是灾年凶兆，月牙口向上或向下则是丰年的征兆。

　　古代塞人、羌人都盛行太阳崇拜。在塞人崇拜的诸神之中，太阳神为最高之神。希腊历史家希罗多德说："塞人在诸神中只崇拜太阳，他们献给太阳的牺牲是马。他们把马作为牺牲的理由是，只有人间最快的马，才能配得上诸神中最快的太阳。"乌孙人把太阳尊为神来崇奉，每年都要宰马举行祭太阳的活动。他们还认为火是太阳在地上的化身，因此，对火的崇拜也就是对太阳的崇拜。

　　星星也为西域先民所崇拜，认为星星代表人的生命，天上有多少星星，地上就有多少人。每当天空一颗流星陨落，人间便有一人殒命。他们把仇视的人称为"克星"。他们对北斗七星、启明星、金星格外崇拜，认为是神星。北斗星是"七个看守"，守护着两匹天马，或认为它们是七只天狼或天狗。金星被看作是夜间为人们指路的善神。同时还认

为，星星是月亮的孩子，当星星出现时，便称"月亮生了"。

风雨雷电崇拜

风雨雷电是神秘的自然现象之一，雷鸣被认为是天神发怒的巨吼，古代西域人对此不能理解，既十分畏惧，又崇拜有加。每当第一声春雷轰鸣时，人们便认为是天神开恩的吉兆，老年妇女一边绕着毡房行走，一边用盛着牛奶或马奶酒的勺子敲打毡房，向天神祈祷。当下第一场春雨时，男人要摘下皮帽，光头淋雨，并祈祷天神降下喜雨，大地生长出青草。有史书记载，高车人在遇到雷击时大声喊叫并向天射箭，随即离开此地移居别处。等到第二年秋天，又回到当时打雷的地方，埋羊作为祭品，点起火堆，拔出佩刀，由女萨满念咒语，大家围着火堆绕圈。"呼叫射天"的习俗，实际上也是对天神的敬畏和祭祀。

对雷和闪电的崇拜至今仍然存在。维吾尔、哈萨克等民族把遭雷

阿克苏上空，惊雷声中，一道道闪电刺破长空，让新疆的夜晚显得更为神秘。

劈看成是天神最严厉的惩罚，很惧怕被雷劈断的树木，但古代突厥人的春节是以第一声春雷为标志的。达斡尔族有一种习俗，被立为祖神者，多为以非正常原因而死亡（如雷击）的女性成员。古代蒙古人认为打雷是天叫，遇见打雷就不敢行军，每年听到第一声响雷便宰公羊祭天，也有以活马敬献雷神的习俗。

风神在哈萨克语中称为"吉尔依耶"，是受天神使遣的诸灵之一。但在古代游牧民中，风神是被当作恶的神灵。这是因为暴风雪往往对草原上的人畜带来巨大的损失，强烈的旋风常会摧毁游牧民的毡房。因此，当风暴刮起的时候，人们以为是天神所遣，十分惧怕。

山水崇拜

山神、水神是西域先民崇拜的诸多自然神灵之一。新疆多高山大川，巍峨壮丽的天山和阿尔泰山都被视为"腾格里山"加以膜拜。在西域古代先民看来，高山即天神所居，因而是有灵性的。山神主宰着大山里的一切，所以进山狩猎，首先要向山神祈求平安和收获。

对水的崇拜，来源于水对于生命的重要意义。古代突厥人、回鹘人都居住在河流沿岸，所谓"九姓乌古斯""十姓回鹘"，他们的居住地都有九条河流和十条河流。由此可见，"九姓""十姓"的名称或许是因其居住地的河流而得名。突厥语称大河为"乌鲁克苏"，即"伟大的水"，将水流湍急的河视为一种伟大的、超自然的力量而加以崇拜。

泉水，特别是温泉，以其神奇而为西域先民所崇拜。认为这种泉水是神水，有神灵所居，可以治愈各种疾病。有些泉水则被认为与生殖有关，将泉视为女阴，被称为圣泉。现在也经常有维吾尔人、哈萨克人带来婴儿摇车模型或由丈夫带着妻子挖泉眼，祈求生儿育女，传宗接代。此类泉分布在新疆各地，比较著名的是伊犁哈萨克自治州特克斯县和阿勒泰地区清河县的两处温泉，还有哈密地区五堡乡与和田地区名为"恰卡恰"的泉水，她们都是祈求生儿育女的圣泉。现在也时常见到一些老人在河流边上望水做礼拜、祈祷。维吾尔、哈萨克

"悬泉瑶虹"。位于东小天池与天池大坝之间的白龙峡瀑布，由大坝水闸外泻而成，山青境静，也称"悬泉飞瀑"。

等民族视水为纯洁之物，不可玷污，有许多关于水的行为禁忌，如：严禁用污秽容器盛水，洗手洗脸后严禁往水里倒脏东西，洗手后严禁将手甩干。这些无不表明人们对生命之源——水的无比珍惜与尊敬。同时他们还认为水是有生命的，将流动的水称之为活水，可以饮用，而将不流动的水称之为死水，不能饮用。

柯尔克孜人认为，没有山，水就没有生命，也就没有了靠山水生息的柯尔克孜族。由此，山水被他们视为全民族的父母。"山是柯尔克孜人的父亲，水是柯尔克孜人的母亲"，这是柯尔克孜族家喻户晓、尽人皆知的谚语。山水的崇拜，表现在他们社会生活的各个方面。古代柯尔克孜人出征前，要到山下进行祭祀仪式，求得山神的保护，希望获得山一样的力量。

火之崇拜

　　火是西域先民普遍崇拜的对象。西域先民乌孙、康居人认为火是太阳在地上的化身，火被认为是具有一种特殊力量的神，是圣洁的象征、光明之源，具有祛污除灾的能力，为人们所崇拜。随着家庭的出现，火又成为家庭保护神。古代突厥人认为火是圣洁的，能够祛邪避灾，是部落人畜的保护神。火不但可以在严寒中给突厥人带来温暖，而且可以驱除外人带来的鬼祟。

　　在塞人的游牧生活中，祭火是他们宗教生活中的一件大事。平时向家居的炉膛之火献祭，每日三次，在晨祷、午祷、晚祷时进行。祭品也有三样：清洁的木柴、香料和一小块脂肪。

　　至今新疆很多民族都传承着对火敬拜的习俗。很多民族结婚时新娘新郎要举行拜火仪式。新娘进入新郎家时，要跨过一堆火，进屋后还要向灶火加一勺油。这样做，才能驱除新娘从外面带来的秽气而正式加入丈夫的家庭。在照料婴儿时，要把婴儿摇床放在靠近火的地方，

新疆布尔津县禾木喀纳斯蒙古民族乡禾木村和喀纳斯村的图瓦牧民，篝火祭祀，庆贺新年的到来。

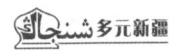

以防邪气侵蚀婴儿。妇女外出多日返家，或远方客人来探视病人，必须在进门时跨火，即火浴，以免给病人带来不幸。牲畜转场时也要生两堆火，让牲畜从火堆中间走过。牲畜发生瘟疫，也要在牲畜四周生火，以此驱除邪气。

土地崇拜

在古代突厥和回鹘文的碑文中就有关于"地水腾格里"的称谓。直到现在，维吾尔族中还存在着土地崇拜的遗俗。他们认为每个地方都有它的主管神灵，如开饭馆或在地上摆摊的维吾尔人，把每天第一笔生意的收入让顾客掷在地上，然后再从地上捡起，这是对饭馆或摊位的地神表示的敬献和谢意。

蒙古人也是敬奉地神的。蒙古人认为地神可以保佑他们的孩子、牲口，保证收获，所以崇拜它，并将地神尊为"地母"。

动植物崇拜

在原始宗教中，动植物崇拜是大自然崇拜发展到一定阶段的产物，形成于自然崇拜的后期。动物和植物与人类的生存关系十分密切。动物在狩猎和游牧生活中，成为食物和生活必需品的主要来源；同时，一些凶兽猛禽也对人畜的生存构成极大的威胁。这种对动物既依赖又对立的关系，是产生动物崇拜的心理根源。因此，许多动物都被神化，认为它们具有超自然的能力和灵性。植物具有周期生长的凋谢现象，又受自然气候的影响而有丰收和歉收；某些植物可以治愈疾病，或对人体产生某种迷幻作用。于是人们对某些植物产生神秘感，加以崇拜。动植物崇拜在远古人类中是较为普遍的现象。

麻黄崇拜

在距今3800多年的罗布泊古墓沟的墓葬里发现，在每件包裹着尸体的毛毡或毛布内，都有一个装有麻黄植物碎枝的小包。麻黄是生长在罗布泊一带的一种药用植物，含有可治疗人体如风寒杂症等多种疾病的元素。古罗布泊人把麻黄视为一种具有神奇作用的植物,以祛病消灾,并放置在死者身边,保佑死者的灵魂。

此外,在罗布泊阿拉沟古墓葬里,发现每个墓葬旁都有一个草编的小篓,里面装有一些麦粒,则反映了农耕居民对赖以生存的植物产生崇拜的心理。

树之崇拜

对树木的崇拜在世界许多民族中普遍存在,人们把树木看作是有生命的精灵,它能行云降雨,使阳光普照,庄稼六畜兴旺,妇女多子。树木崇拜虽然是原始的自然崇拜之一,但它一直延续至今。在维吾尔族关于其族源的神话传说中,维吾尔人的第一位首领卜古可汗就是由树所生。《乌古斯可汗的传说》中记载乌古斯可汗的第二个妻子就是从树窟窿里生出来的。在维吾尔先民的意识中,树木具有超自然的神力。先民们深信:自己的祖先源于树,他们与树有某种超自然的关系,任意损坏砍伐象征部落的树,便被视为对整个部落的污辱与恣意践踏。出于对树木的敬仰和崇拜,禁止人们砍伐院内、田边、河边的独树,特别是老树。不能在树干上晾晒衣物,禁止在树下倒污水、垃圾。此外,现在维吾尔人朝拜麻扎时,一般都随身带来一棵树苗或树枝植于(或插入)麻扎附近。尤其在南疆,当把尸体埋葬后,要将树枝植在坟墓旁边,常有亲属来浇水灌溉。几乎每个坟墓的旁边都有一棵树,希望死者的灵魂顺此神树就可以达到神界。在维吾尔人居住区,人们十分重视在院落周围植树。

在哈萨克族《伽萨甘创世》神话中,创世主伽萨甘在大地的中心栽了一棵"生命树",结出了茂密的"灵魂",灵魂的形状像鸟儿,伽萨甘用黄泥捏出了一对空心小泥人,然后取来灵魂,从小泥人嘴里吹进去,小泥人便悠然站立,他们就是人类的始祖。

察布查尔锡伯自治县爱新舍里镇有一棵十分粗壮的榆树,锡伯族人称之为"文车热哈林",译成汉语就是"祈年树"。祈年树,是锡

麻扎周围的树枝及装饰物

伯族人的树木崇拜，实际上是一种自然崇拜的遗俗。伊犁地区有不少民族一直保留着这种崇拜树木的习俗，他们认为古树是有灵的，或是一种风水树，严禁滥砍乱伐。谁要是砍伐了风水树，就会遭到大自然的惩罚，独树更灵验。如果独树被砍伐了，草原会遭受灾难。人们常常在牧道的独树上系结各种布条，以示对树木的崇拜。

鼠之崇拜

古代于阗人对老鼠崇拜有加。唐玄奘在《大唐西域记》中详细记载了于阗（今和田地区）流传的一个关于鼠神拯救于阗使其免于灭国的传说，以及于阗举国敬鼠拜鼠的盛况。于阗王城以西一百五六十里的地方有一片沙碛，沙碛里有许多鼠壤坟。鼠王体大如刺猬，长着金色、银色的毛，每当群鼠出洞游戏时，都跟在鼠王后面充当随从。有一次匈奴王率几十万大军入境劫掠，驻扎在鼠壤坟旁。当时于阗王仅率几万士兵，恐怕兵力不支，不能御敌，于是想到以往沙碛中的异迹，乃焚香祈请。夜里，于阗王梦见鼠王对他说，愿意效力，望君王及早整军，来日黎明出战，一定会取得胜利。于阗王知有神佑，马上整顿兵马，下令将士不等天亮出发，急速挺进，突袭敌营。匈奴听说大军前来，正要骑马乘车，披挂铠甲，但那些马鞭、衣服、弓弦、甲链，凡是用来系物的带结全部被鼠咬断。于阗军大获全胜，匈奴震恐，以为这是神灵保佑的结果。于阗王感念鼠恩，为他们修建祠堂，"行至其穴，下乘而趋，拜以致敬，祭以祈福"，国王头戴"金鼠冠"，人们在行经老鼠洞时，都要下马到洞前礼拜致敬。奉献给老鼠的祭品，有各种美味佳肴，甚至还有衣服、弓箭、鲜花等，他们认为"若无享祭，则逢灾变"。20世纪初，在于阗的丹丹乌里克遗址出土了一块彩绘木板，画面是一"奇异的鼠头神像"，这是古代于阗崇拜老鼠的有力证据。近期在策勒县新发掘的一座最小的家庭佛寺中的壁画上也有老鼠，也是古代和田居民崇拜老鼠的佐证。

马之崇拜

崇拜马也是新疆古代先民的习俗。在新疆几个主要岩画点上都有马岩画的形象。如在呼图壁康家石门子巨幅生殖岩画前面，一块倾倒的石头上凿刻着九匹奔驰的骏马，英姿勃发，腾跃飞驰。在巴里坤兰州湾子岩画上也刻着另一样式的群马图。由此可见在西域先民中对马的崇拜痕迹。后来，马逐渐演化为一些部落氏族的图腾。呼图壁生殖岩画的最上层有九个正在舞蹈着的女子，在她们中间有两幅对马图。这里的马已经是符号化的意义，成为了部落氏族崇拜的图腾了。

古代突厥人在最隆重的祭祀中才宰马献供，一般情况下绝不轻易宰杀。哈密地区维吾尔人在久旱无雨、庄稼行将枯死的万分危急关头，才用白公马祭天，将马头浸在山中泉水里，作法祈雨。他们还认为，马前腿骨具有驱邪治病

新疆阿勒泰地区布尔津县冲乎尔乡境内塔合图别克山区岩画《一人三马图》

伊犁哈萨克自治州草原上的骏马

的功效，医治腿疼病时，往往用马前腿骨来作法驱鬼治病。

至今在哈萨克民间仍有谚语说："马是我们的翅膀，诗歌是我们的心灵。""马是英雄的精神，英雄是马的灵魂"。

鹰之崇拜

西域古代民族崇敬鹰鹫等猛禽，称鹰为神鹰，可以沟通天界，为人间与天神腾格里的使者。古代突厥可汗去世不说死，而说"鹰飞走了"，至今哈萨克族报丧也从不说死，而说"鹰飞走了"。萨满教中的巫师被称为"鹰的后代"，灵魂就附在鹰的身上。萨满自称可以像鹰一样飞上天界，转达天神的旨意。传说萨满斗法也多化身为鹰。所以，很多地方流传着"萨满是鹰的后代"，"萨满是灵魂的鹰"的神话。

史诗《玛纳斯》中的柯尔克孜英雄玛纳斯，传说是其父梦见鹰落手中而使妻子怀孕，生下玛纳斯，少年玛纳斯称雏鹰，长大后称雄鹰，玛纳斯死后，他身边的鹰也飞走了。柯尔克孜人把自己的英雄祖先与神鹰联系在一起，具有雄鹰一般的勇猛和神力，表现了鹰崇拜的信仰观念。

塔吉克族被称为"山鹰的民族"，对鹰的崇拜远古就有。他们舞蹈的动作宛如在天空翱翔的山鹰，传统乐器"那艺"（鹰笛），是鹰翅骨磨制而成。鹰在塔吉克人中具有特殊地位。

天鹅之崇拜

至今，新疆很多民族都把天鹅当作圣鸟，一般从不猎杀或肉食，

新疆塔什库尔干塔吉克自治县城，鹰是塔吉克民族的象征。

新疆柯尔克孜族自治州阿合奇县库兰萨日克乡，一名年轻猎户骑马展示自己心爱的猎鹰

认为猎杀天鹅必酿成大灾大祸。有一个传说认为哈萨克的始祖是白天鹅。古时有一个叫卡勒夏哈德尔的首领，英勇无比，在一次战斗中他身负重伤，只好躺下来。眼看死神就要降临，这时，天空突然奇迹般地开了一个空隙，飞来一只白色雌天鹅，给他滴了一滴口涎，然后把他带到河边。他喝了水，体力逐渐得到了恢复，伤势也慢慢痊愈。这时，那只美丽无比的白天鹅变成一个极为漂亮的青春少女，他喜出望外，与这位姑娘结为夫妇。婚后他们生了一个儿子，取名"哈萨克"。这个传说在哈萨克人中颇有影响，哈萨克族的族名也有被解释为"白天鹅"之意的，天鹅作为哈萨克族的氏族部落图腾的传说至今仍在流传。哈萨克人见到天鹅从天上飞过时都要致意问候。据说，哈萨克人也偶猎天鹅，取其皮、毛挂在毡房以保佑家人平安，把其作为驱邪神物而加以崇拜。哈萨克萨满的神帽就是用白天鹅的皮缝制的。

崇拜图腾

动植物崇拜和自然崇拜进一步发展，就演化为图腾崇拜。"图腾"

为印第安语 Totem，是"亲属"和"标记"的含义，是一个氏族的标志或图徽。在西域古代先民中，图腾崇拜是较为普遍的现象。据《山海经》等古文献记载，周穆王在西域会见的西王母，"蓬发戴胜"，"虎齿豹尾"，这个西王母可能就是当时活动在昆仑山一带的以虎、豹为图腾的母系氏族部落的首领。古代新疆的许多民族除虎、豹外，也以狮子、狼、骆驼等动物为图腾。如突厥、黠戛斯（今柯尔克孜）、回鹘（今维吾尔）等都以狼为图腾，回鹘的图腾还有狮子、骆驼、树等。

狼之图腾

生活在古代西域的很多民族都以狼为图腾崇拜对象。在《乌古斯可汗的传说》里，"让苍狼作为我们的战斗口号"比比皆是，在多次征战的关键时刻，就会出现一只苍狼，在前面引路，于是乌古斯多次化险为夷，所向无敌，无往不胜。后来维吾尔先民挂绣有狼头的旗帜便相沿成习。至今，狼也被维吾尔人看作是吉祥、是福兆，是保护神。民间中将狼的踝骨当成"伴侣"收藏在身边，为自己祈福。让临产的孕妇躺在狼皮上，据说这样生的儿子将来会成为无畏的战士。他们从不滥杀、滥捕狼，把遇见狼看作是自己的幸运。

对狼的崇拜和狼图腾观念在当今柯尔克孜族中也有所遗留。至今，柯尔克孜族人民有将狼拐骨挂在孩子的身上做护身符的习俗。狼踝在他们的眼里是具有神圣力量的东西，他们认为狼踝有辟邪驱灾的作用，所以带在身上。认为妇女不育，只要吃少许狼肉，即可得到狼的保佑，生儿育女。

在塔塔尔族中，狼图腾崇拜也非常盛行。狼，在塔塔尔语中称为"波热"，很多英雄和勇士也被称为"波热"。对于狼的图腾崇拜，还有一个传奇的神话故事：从前，两个部落之间发生了争战，胜利的一方把战败一方的人都杀死了，只剩下一个十六七岁的男孩，他们砍了男孩的双腿把他扔到了湖边。男孩奄奄一息，这时有一只母狼把他带回了洞中，母狼捕食回来喂给男孩吃，不久男孩伤势痊愈了。相处的时间长了，男孩和母狼产生了感情。而敌人发现了母狼洞中藏着这个男孩，他们便追来要杀死男孩和母狼。母狼就向东方逃走了，后来母狼生下了十个男孩，他们长大成人后又分别与人类

新疆阿勒泰地区布尔津县冲乎尔乡境内塔合图别克山区岩画《群狼狩猎图》

繁衍了后代，发展成了十个部落。这则传说在很多史料中都有记载。

维吾尔著名学者马赫穆德·喀什噶里的名著《突厥语大词典》里曾记载，妇女如生了男孩，产婆便说生了狼，因男子英武、强健；若生了女孩，便说生了狐，因女子妩媚、讨人喜欢。古代哈萨克人也常把苍狼与苍天相提并论，认为苍狼是保护祖先灵魂的神兽，能给予英雄、巫师特殊的神力。哈萨克萨满的诸神之一是狼，有些哈萨克部落的口号是狼，旗帜上也绘着狼像，英雄也喻作狼。他们关于狼的传说，和突厥人"狼祖"的传说以及与狼相联系的古老信仰是十分近似的。至今，哈萨克人不能骂狼，更不能指着骂狼。"狼"一词在哈萨克语中为多意词，可与"勇士"并论。在哈萨克民间文学中常把狼比作智慧、勇敢的代名词。

鹿之图腾

突厥人还有关于"鹿祖"和鹿图腾崇拜的传说。在阿勒泰地区青河、富蕴两县境内，考古工作者发现了30多件"鹿石"。鹿石是一种石雕，古人先把石头做成长条形，在上面雕刻出鹿的图像，然后竖立在墓前。鹿石上鹿的图案姿态各异，造型十分优美。据专家考证，阿勒泰的鹿石为公元前1000年，即青铜时期古代塞人的遗物。这种鹿石与许多

地方（如印第安人地区）的图腾柱十分相似，表明活动在阿尔泰地区的塞人有崇拜鹿的习俗，以鹿为自己的图腾。

鹿是柯尔克孜族的主要图腾之一，柯尔克孜语称之为"布古"，认为鹿是自己的祖先，把鹿称为"鹿妈妈"。在柯尔克孜族民间还流传着这样一个传说：古代柯尔克孜族人曾遭到一次突发的空前规模的战争洗劫。那次洗劫，使整个柯尔克孜族人濒于灭绝。当时，幸亏有一男一女两个孩子进山挖野菜，免遭劫难。当时他们从山里出来时，只见家乡尸横遍野，血流成河，一个活着的人也没有了。两个孩子不知道该怎么办，绝望地哭泣。这时一只母鹿将他们带回山里，用自己的奶喂养他们。历经千辛万苦，两个孩子终于在母鹿的精心抚养下长大成人，并结为夫妻繁衍了后代。现在的柯尔克孜族人中也有叫"布古"的大部落，据说这个部落的人就是那两个孩子的后代，这部落的人也自称是那位慈善的鹿妈妈的后代。整个柯尔克孜族人都对鹿特别敬重。

生殖崇拜

生殖崇拜是以男女性器官为崇拜的对象，在自然崇拜中属于特殊的现象，是原始人类重视繁衍后代在宗教观念上的反映。西域先民的生殖崇拜大都表现于早期人类的岩画、雕刻、随葬品以及远古的有关传说中。在新疆天山、阿尔泰山的一些人类洞穴的岩画中，均发现有生殖崇拜的痕迹。伊犁乌孙阿克塔斯洞穴彩绘岩画上，绘有大角羊、马和大大小小的太阳。引人注目的是洞穴正中岩壁上，用红色颜料彩绘了一个十分醒目的女性生殖器，长15厘米，高9厘米，内一小圆直径2.5厘米。专家认为，这里的岩画大约产生于距今5000年至8000年前的旧石器时代晚期至新石器时代早期。表明当时的西域原始居民已有对女性生殖功能朦胧地崇拜。

于阗自古就有"地乳"的传说。地乳被于阗人尊为国祖，奉为养育女神，传说是大地母神的乳房滋养了于阗先王。"地乳"梵文为"瞿萨旦那"（Kusatana），"Ku"为"大地"，"satana"意为女性乳房。唐玄奘在《大唐西域记》中记述了于阗有关"瞿萨旦那建国"的传说。玄奘记载这一传说时，于阗已成为佛教盛行之地，有关地乳的传说也披上了佛教的色彩，附会为佛教故事。但地乳传说的根源，毫无疑

温泉县西部博尔塔拉河上游草原上的"母亲石"。"母亲石"的造型极像女性的生殖器，早在宋朝时，"母亲石"就被当地牧民奉为求子祈福的"神石"。

问是来自早期于阗人自然崇拜的观念，是原始的大地崇拜与女性母乳生殖崇拜相结合的产物。

进入父系社会时代后，男性生殖器官越来越受到崇拜，这是与男性在社会上的支配作用密切相关的。新疆许多地方也发现有对男性生殖器官崇拜的遗物。如木垒县四道沟一处约为公元前4世纪至公元前8世纪的古遗址中，即出土一件"石祖"（即男根），为砾石磨制而成，长13厘米，造型逼真。温泉县阿登确鲁也发现有经过精心制作的石祖。在罗布泊古墓地"渥得克公墓"（第5号公共墓地），出土有一件"木祖"。研究者认为，这种"呈阴茎形"的木件，有可能被视作一种符录，或作为一种祈求生育祭礼中的用具。

此外，在西域古代先民的观念中，树林特别是独立的大树、树干，常被视为男性生殖器的象征。希望生育的妇女往往到林中过夜，或在大树下祈愿，甚至拥抱树干，祈求生育得子。传说英雄玛纳斯和哈萨

克英雄祖先阿勒帕米斯的母亲都是在林中独居，求得妊孕的。这种拜树求子的习俗遗留至今。

在南疆的麻扎（陵墓）中，有一座独为妇女所朝拜的麻扎，名为牙勒吾孜乌阿勒麻扎，传说是一位独身男子的坟墓，有赐人子女的神通。所以祈求生育的妇女往往不畏酷热严寒前往朝拜。这也是男性生殖崇拜的遗留。

祖先崇拜

进入父系社会后，随着以男性为中心的家庭出现，人们对男性生殖器官的崇拜逐渐演变为对祖先的崇拜。祖先崇拜是亡灵崇拜和氏族与家庭血统观念相结合的产物。祖先崇拜实际上是对祖先亡灵的敬拜。古代西域的祖先崇拜集中表现在丧葬和祭祀仪式上。几乎每个民族都有自己崇拜的英雄始祖，这些始祖既有神力，也具有人的美德，维吾尔史诗《乌古斯可汗的传说》，充分反映了维吾尔族对其古代祖先的崇拜。乌古斯可汗，就是这样一个传奇人物。

英雄乌古斯一生下来就不同凡人，40 天后就长大成人。他长相怪异，脸是青的，嘴是火红的，眼睛是鲜红的，头发、眉毛是黑的。他只吃过母亲一口初乳就不再吃奶了，他要的是生肉、饭食和美酒。不久，他开始说话了。四十天之后，他便长大了，会走，会玩。他有公牛一般的腿，狼一般的腰，紫貂一般的肩，熊一般的胸，全身长满了毛。一天天，一夜夜过去了，他长成大小伙子，成为牧马人，经常骑马打猎。那时候，他家居住的地方是一片森林。就在这片森林里，有只特大的独角兽，非常凶猛，常常危害人畜，给人们带来严重的灾难。英雄乌古斯为人民除害，在森林中杀死了吞噬人畜的独角兽。《乌古斯可汗的传说》充满了神奇的故事，英雄祖先乌古斯被赋予了种种神力，成为维吾尔族人心目中伟大的祖先。

祖先的崇拜，往往也是对英雄的崇拜，所崇拜的祖先大都是本民族的英雄。玛纳斯被柯尔克孜人视为全民族的祖先，因而最集中的表

柯尔克孜族牧民演唱英雄史诗《玛纳斯》

现是对英雄玛纳斯的崇拜。玛纳斯虽然离开了人世，但是他的子孙、他的人民却坚信玛纳斯的灵魂与他们同在，他们相信柯尔克孜族人民之所以能够抗击入侵之敌，取得次次胜利，全凭英雄玛纳斯灵魂的佑护。每次出征，柯尔克孜族勇士都高呼着玛纳斯的名字冲锋陷阵，惊天动地的喊声，处处都回荡着"玛纳斯"的名字，令敌人魂飞魄散。不仅在《玛纳斯》和民间文学中是这样，在现实生活中，时至今日，柯尔克孜人依然将玛纳斯作为他们崇拜的对象，遇事依然祈求玛纳斯的庇护。人们在发誓时往往用"如果我违背诺言，让玛纳斯的灵魂惩罚我！让玛纳斯的坟墓惩罚我！让玛纳斯的威力惩罚我！"这将祖先崇拜与英雄崇拜紧紧结合在了一起。

神秘的新疆萨满信仰

萨满的起源与特点

萨满教是一种以祖先崇拜为主的原始多神教。它的起源和形成是一个漫长的历史过程，经历了原始社会的自然崇拜、动植物崇拜、图腾崇拜各个阶段，最终在复杂的祖先崇拜阶段逐渐形成。所以，萨满教并没有"始祖"或"创始"之说，它是原始宗教自然发展演变的结果。

萨满教的名称来自通古斯语"萨满"一词，意为巫师，故通称这种以巫师崇拜为特征的宗教为萨满教。我国古代史籍通常以"巫""胡巫""巫师"等称呼此教。

萨满教认为世界上各种事物都有灵魂，各种灵魂均有其形态、性能、生活方式和处所，而自然界的变化，是由于各种精灵、鬼魂、神祇的存在和作用，这些变化给人们造成的祸福影响，则是鬼神意志的使然。以频繁祭祀、降神附体、跳神驱鬼、卜问神灵、施展巫术来祈福免灾，是萨满教活动的惯常方式。

萨满使用的法具，主要有神鼓、神杖、神剑、神绳、神旗等。另外还使用神绳，用白羊毛搓成，作法时将神绳从天窗垂直拉下，钉入地下，象征着宇宙树干。还要选取枣树枝作为神树枝，将其插系在竖立的神绳顶端，以供神灵栖息用。

维吾尔族萨满还使用神镜，为一般的小圆玻璃镜，在为人驱邪治病和占卜时使用。据说，恶灵最怕见到神镜。神灯在维吾尔族萨满中也常使用，为一般的小油灯。作法时神灯为神灵引路，又称"鬼灯"。

萨满为病人跳神、驱鬼，是平时重要的宗教活动，也是通神的主要方式。牲畜走失或连续死亡、丢失财物等，往往也请萨满来跳神消灾，或提供寻找方向。

巫术和占卜是萨满教活动的组成部分，与社会的生产生活紧密联系。求雨术是萨满教常见的一种巫术，操突厥语民族称此术为剁答术。萨满巫师将一块称为剁答的石头浸泡在水中，念诵咒语，祈祷降雨。传说剁答石是在牛、马腹中形成的神石。但据研究者的调查却为普通的小石子。萨满在作法时，选择河水源头，将石子浸在水中，口念咒语，

伊犁察布查尔锡伯自治县锡伯族萨满舞

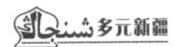

以祈求降雨。《突厥语大词典》里多处提到了这种祈雨或消灾的法术。

"求乌弥"是一种祈求生育的仪式，在古突厥语中，乌弥一词含有"胎盘"之意，供奉乌弥能使人丁兴旺。小孩患重病时，认为病儿的灵魂到另一个世界去了，需请萨满举行求乌弥仪式抓回小儿灵魂。

萨满教在古代西域的流行

古代西域萨满教十分流行。新疆现在的少数民族如维吾尔、哈萨克、蒙古、柯尔克孜、锡伯、满、达斡尔以及塔塔尔、乌孜别克等族的祖先都曾信奉过萨满教，而且因其地域上和生产生活方式上的差异，萨满教信仰的形式和内容也并不完全相同，表现出各自的特点。

我国史籍自《史记》《汉书》以来，对西域萨满教的情况多有记载。匈奴有祭天施法术的祠社，汉贰师将军李广利投降匈奴后，匈奴单于听信谗言将李广利杀害以祭祠社。不久，匈奴境内连降雪雨数月，牲畜冻死饿死，人民疫病流行，谷稼不熟，匈奴人以为是李广利作祟，于是为李广利设祠以祭（《汉书·匈奴传》）。据考古证实，在匈奴的城镇遗址高瓦—道布和德尔津，曾发现有类似祭坛的泥桌。

早在母系氏族社会时期，乌孙人就有了自己的巫师，并把巫师作为神的化身和人间与鬼神世界之间交往的使者，受到人们的尊敬。萨满巫师的形象被刻画在洞岩上。阿勒泰地区富蕴县山里发现的康巴勒洞窟里面，画有人面形的神灵图。在阿勒泰市将军山的一处岩画上，也刻画有与这种人面神形图完全一样的形象，戴着一顶尖形的帽子，与史书记载的萨满装束十分相似。

突厥人中的萨满地位很高。据传说，突厥先祖泥师都就是一位"别感异气，能征召风雨"的萨满。萨满参与国政，有关军政大事可汗都要听从萨满的意见，由萨满预卜凶吉，决定取舍进止。可汗登基，要由萨满充当神的使者，代表神意，授权新主。

萨满教在新疆少数民族中的遗存

萨满教是生命力极强的宗教。各民族不管历史上宗教信仰如何变化，萨满教都能渗入到新的宗教中，或以习俗的形式，总是能够顽强地存在下来。伊斯兰教传入新疆一个多世纪后成书的维吾尔著名学者的著作《福乐智慧》和《突厥语大词典》中，都可以看到萨满教的影响。如《福乐智慧》中就专列一章，讲国王应该如何正确对待"喀木"（萨满）。成书于 12 世纪至 13 世纪的《真理的入门》一书作者玉格乃克作为一位虔诚的维吾尔穆斯林诗人，在其书中就感叹世风日下，无奈地说：现在去清真寺做礼拜的人少了，到处都在跳"萨满舞"。时隔百年后的今天，一些地方的维吾尔人不仅还在跳"萨满舞"，而且还把它作为大型集体舞蹈跳到了重要节日古尔邦节和肉孜节上，成为这两个节日庆祝活动的重要内容和形式。如今在新疆其他少数民族的宗教习俗里，都可以看到大量的萨满教遗留。

萨满并没有因萨满教的衰落而消失，长期以来，他们继续活跃在维吾尔、哈萨克等族民间。不过名称已从早期的"喀木"演变为"巴合西"（哈萨克语称为"巴克思"，女巫称"库什娜西"）。巴合西一词出现于东突厥语和波斯语，首先是指佛教僧侣。用突厥语编写的司书也称巴合西，蒙古语称医师，在土库曼语中称作歌手，吉尔吉斯语和哈萨克语用来指以念咒治病的巫师和预言家。

在麻扎朝拜中，可以看见很多萨满教遗留下来的活动。例如在奥当麻扎（位于英吉沙县）朝拜中，"立杆扎旗"便是整个祭祀活动的高潮和核心内容，它是按照一定的程序和规定，由巴合西来主持，谢赫（麻扎看守人）则念经祈祷。巴合西把"扎旗"视为祖先代代传下来的一项神圣特权，只在家族中继承。巴合西还在麻扎为人念咒治病。一些妇女为祈求真主赐与子女或治愈疾病，把手伸进麻扎旁边的沙子里，不管抓到什么小虫子都吃进嘴里。女巫们则给那些家庭遭遇不幸、

和田地区墨玉县巴合西在为病人治病

夫妻不和和怀孕期间离婚的妇女，腰上系根线头，或者把她们手中的针穿上线。正式的祭祀结束后，人们在麻扎周围跳一种"萨玛哈舞"，这种舞蹈的动作与萨满跳神的动作十分相似，普遍认为它是模仿萨满而形成的一种有祭祀意义的舞蹈。

民间的祈水仪式也多在麻扎举行，这类麻扎分布较广，多位于山口、河谷、沙漠地带。人们相信麻扎的神灵有此神通，只要虔诚念经祈祷，就可求得雨水、获得丰收。祈雨的遗俗在南疆农村地区较为普遍，如果有严重的干旱发生，就要请求雨的巫师来求雨。

外来宗教的多元交融

新疆自古以来就是宗教盛行、多种宗教并存、宗教信仰有其特点的地区，历史上，除自然崇拜和萨满教外，祆教、佛教、道教、摩尼教、景教、伊斯兰教等曾流行于新疆地区。其中佛教和伊斯兰教传播时间最长，范围最广，影响最深。截止到现在，仍然是以伊斯兰教为主要宗教，多种宗教形式并存的局面。这些宗教在新疆的传播影响了新疆各民族文化的形成与发展，留下了很多遗迹，值得我们细细品味和回忆。

祆教——开启外来宗教入疆之先河

祆教是新疆古代居民曾经信仰过的宗教之一，也是流传时间长、范围广并且对新疆各民族社会生活和文化习俗产生过重要影响的古代宗教。

祆教的创立

祆教在我国又称"拜火教""火教""火祆教"等。而西方一般称祆教为"琐罗亚斯德教"，是根据祆教创教者琐罗亚斯德的名字而来的。但祆教的信仰者往往称自己的宗教为"马兹达教"。对祆教崇拜的神"阿胡拉·马兹达"称为"天神""火神""胡天神""祆神"等。"祆"属外来字音，最早见于唐代史籍，据说与古代于阗语"灰烬"的发音有关，表示天神的意思，因此造了这个"祆"字。"拜火教""火祆教"的称谓则是因为该教具有崇拜火神及其特殊拜火仪式的显著特征。

琐罗亚斯德教是古代波斯宗教，是由其创始人琐罗亚斯德在公元前7至前6世纪创立于波斯东部的大夏（今阿富汗的巴尔赫地区）。其创始人名为扎尔多西提，中文音译为琐罗亚斯德，其名的涵义是"黄骆驼""像骆驼那样的样子"或"骆驼的驾驭者"。据说，琐罗亚斯德20岁时弃家出走，在隐遁之地过了10年的苦修生活，30岁时创建琐罗亚斯德教。传教之初未得到社会支持。42 岁时，由于诵经祈祷治愈了巴尔赫王朝努赫拉色甫的疾病，取得国王维斯塔巴的信任，国王与群臣随即改变信仰，皈依了琐罗亚斯德教。宰相依期潘迪亚尔娶琐罗亚斯德小女为妻，也为传教创造了条件。之后在国王的支持下，他还曾出兵邻近诸国。琐罗亚斯德在王朝政权的有力支持下，很快兴盛起来，不久就传播到中亚南部的波斯和中亚各地。一直到晚年他都在为传教奋斗，曾多次组织力量与其他教徒作战，77 岁时在一次宗教战争中死去。

祆教的经典与教义

祆教的经典是《阿维斯陀》，全书 21 卷，35 万字。《阿维斯陀》的内容极为丰富，其主要内容有：琐罗亚斯德的创教理论、赞颂光明之神阿胡拉·马兹达的颂词、宗教歌谣、宗教信仰标准及原则、宗教仪式、宗教祷词、宗教义务、宗教神话传说以及操伊朗语部族的族源及其历史发展等。其内容是波斯古代宗教神话、传说、历史等的汇集。琐罗亚斯德在创教的过程中，吸收了这些素材，加以改造，形成了较为系统的宗教说教。

祆教教义主要有四个方面：(1) 独尊阿胡拉·马兹达为最高的主神，是全知全能的宇宙创造者。(2) 善恶二元论。认为原始之初就存在着相互对立的善与恶两大本原，最后以善神的完全胜利和恶神的彻底失败而终结。(3) 天神思想。为了与恶神进行斗争，阿胡拉·马兹达预先创造了诸天神充当他保护宇宙的助手。其中有六大天神被赋予不同的重要司职。(4) 主张善恶报应、灵魂转世和最后审判。

祆教的仪式

根据教义的需要，祆教在长期的传教过程中，结合古代波斯的传统习俗，形成了较为复杂而独特的礼仪制度。因其礼仪的繁杂，所以又被称为"仪式宗教"。主要内容有：（1）祈祷和信经。每日做五次祈祷是每一个祆教徒应尽的义务。祈祷文叫做"赞美与崇拜的言辞"，是教徒"信经"的表白和誓词。（2）礼拜圣火。对火的礼赞是祆教徒首要的义务。（3）新生礼。祆教规定每个男女信徒在一定的年龄都要举行新生礼。（4）洁净仪式。祆教十分重视洁净，所以有关洁净的戒律和仪式也颇繁复。祆教把生活中的事物分为洁净和不洁净，可食和不可食两大类。洁净仪式分为小净、大净、特净三种。（5）葬仪。祆教实行"天葬"。

祆教的节日

祆教的节日大都来源于古代波斯的风俗。古代波斯人的历法把一年分为春、秋两个大季节，以每年的春分时节为春季的开端，以秋分时节为秋季的开端。又将一年分为六个小季节，每个季节都有特定的

新疆哈密各族群众欢聚一堂迎接诺鲁孜节的到来。

节日，如仲春节、仲夏节、收谷节、返家节、仲冬节、万灵节等。琐罗亚斯德在创教中将这些节日加以改造，与阿胡拉·马兹达和诸天神联系起来，赋与祆教教义的解释，使之成为祆教徒共同遵守的宗教节日。

在祆教这些节日当中，春分节是最重要的节日。琐罗亚斯德把春分节规定为一年之首，即"新年"。波斯语称新年为"诺鲁孜"，所以又称"诺鲁孜节"。诺鲁孜节从春分前一天的晚上开始，诺鲁孜节象征寒冬已去，春回大地，万象更新，正午之神从地下返回人间，带来温暖和光明。

参加祆教规定的这些节日的集体庆典，像每日的五次祈祷一样，是祆教徒必须遵守的义务。每逢节日，祆教徒都早早起身，聚在祆祠里，向阿胡拉·马兹达供献祭品，然后一起摆开筵席，分享祭品，叙情话旧，热闹异常。

祆教在西域的传播

祆教是最早传入新疆地区的外来宗教。祆教传入新疆的时间史无记载。1978 年以来在乌鲁木齐和伊犁地区都出土了祆教的文物——高方座承兽铜盘。据考证，这两件公元前 5 世纪至公元前 1 世纪的铜盘，与中亚发现的祆教祭祀台形制相似，是祆教教徒专门用来祭祀圣火用的，这表明祆教传入新疆的时间应在公元前 5 世纪至公元前 1 世纪之间。祆教是由波斯沿古丝绸之路北道经中亚传入新疆的。

由于祆教崇拜天、地、日、月、水、火、木、土，与新疆盛行的原始自然崇拜基本相同，因此，容易被当地居民接受。魏晋至唐宋时期，祆教在新疆各地迅速传播和发展起来。近年在吐鲁番出土了几具唐代陶棺，内装有二次葬的尸骨。从陶棺和葬俗可以推断，陶棺中所葬的是祆教教徒。在吐鲁番出土的文书中，也多次出现祆教教徒特有的名字和有关祆教活动的记载。史籍对这一时期祆教在吐鲁番的流行情况也做了记载："高昌国俗事祆神，兼信佛法。"佛教在这里仅处于"兼

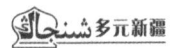

信"的地位，反映了当时祆教的盛况。祆教势力的迅速发展，引起了高昌统治者的重视和警惕。为了加强对祆教的管理，专门设置了负责管理祆教的机构和官员，对祆教的活动也采取了限制措施。

祆教传入中原后屡遭打击，到唐朝晚期已渐趋衰落，但是在新疆却有所发展。据新旧《唐书》记载，祆教不仅继续在吐鲁番、焉耆等地区流行，而且还传到了于阗、疏勒这两个佛教中心，并成为这两个地区人们乐于信仰的主要宗教之一。祆教也传播到了哈密地区，史载当时的哈密有火祆庙。

五代迄宋，祆教在新疆仍十分盛行。这一时期来华的外国旅行家对新疆祆教也做了记述。10世纪的阿拉伯旅行家米撒尔说，拔希国（在今新疆策勒县）国都拔希城内有"火祆徒"。

祆教的教义教规在新疆的祆教徒中得到了严格遵行。祆教不仅崇拜火，还敬奉水、土、木，而认为尸体是最不洁净的。所以，祆教徒既不实行火葬、水葬、土葬，也不用棺木，而是实行天葬。

祆教文物的重大发现

1976-1978年，新疆考古工作者在乌鲁木齐南山矿区、天山阿拉沟东口挖掘的一处古代塞人的墓葬，随葬品中出土有一座祆教拜火用的祭祀台——青铜双兽铜盘十分引人注目。铜盘高1尺多，器底呈喇叭座，座上乘方盘，盘上有两个异兽伫立在盘中央。出土时，盘内还残留着一些燃烧过的木炭灰屑。考古学家认为，这种铜器方座，在中亚地区曾出土多件，"细部特征虽有异同，但基本风格是一致的，被认为是拜火教的宗教祭祀台，是赛克文化的典型文物"。与阿拉沟"青铜双兽铜盘"同属一类的文物，在天山中部的勒拿河谷也曾有发现一长方形的祭祀台，台帮上有22个走兽塑形，与双兽铜盘略有不同。塞人青铜器祭祀台常以狗和公羊为塑形，他们是祆教经典上守护圣火的圣兽。

祆教的遗存

祆教虽然失传，但由于在民间流传时间较长，并且与各居民崇奉的自然崇拜有许多共同之处，经过长期相互融合而形成了某些固有的信仰习俗，有些带有祆教色彩的习俗被保留下来。

拜火习俗在维吾尔族农村仍有遗留。《西域图志》卷39记载："每年两次，众人赴玛扎尔（麻扎）礼拜诵经，张灯于树，通宵不寐。"朝拜者还在土地上刻个窝，里面放上火籽，点燃后置于麻扎周围。哈密地区东风乡有"拜火舞""灯舞"，喀什叶城县也有"灯舞"，在莎车县民间的"麦西热甫"时有口中吐火的幻术表演。在柯尔克孜等游牧民族中，新年"诺鲁孜节"的头天晚上月出之时，每家毡房前都要用茇茇草生一堆火，人和牲畜都从火堆上跳过，以示消灾减难，预报新的一年人畜两旺。

新疆塔吉克族信仰和习俗更多地保留了祆教遗迹。在葬仪上，塔吉克族遵循伊斯兰教的规定，实行土葬。但在葬礼结束后，晚上要在屋里点燃"奴克恰"——用木棍缠上棉花蘸上酥油点燃的长明火，在火光中进行祈祷。扫墓时，也要点燃灯火念经祈祷。

哈萨克族在人死后，要点40支火把，每天夜幕降临时，把毡房门打开，在门框右方点燃火把，铺上白毡，进行祈祷。哈萨克人认为，人死后灵魂40天之内要回家探望父母妻儿，所以在这40天内每天晚上要燃起灯火，驱逐恶魔，盼亲人灵魂早归。

维吾尔、哈萨克、柯尔克孜族在过诺鲁孜节时，要做诺鲁孜饭，唱诺鲁孜歌，互相串门祝福，庆贺新春的到来。塔吉克族又称诺鲁孜节为"切德恰迪尔"，是塔吉克族主要的传统节日之一。过节时家家户户要大扫除，在自己家里洒面粉，祈求新年人畜兴旺，吉祥如意。

诺鲁孜节经过长期演变，已经世俗化，成为新疆许多民族的传统民俗节日，但其来源却属早期的祆教习俗，并在新疆流传了二千多年。

诺鲁孜节吃"诺鲁孜饭"

此外，塔吉克族现在还过"孜沃尔节"（迎水节）、"特赫孜沃斯特节"（播种节）等节日，都与祆教节日有关。

佛教——佛光普照绿洲城郭

佛教是最早传入新疆的世界三大宗教之一，也是新疆历史上流传时间最长、信仰人数最多、社会影响最大、文化遗存最丰富的宗教。

佛教的创立

佛教于公元前6世纪至公元前5世纪在印度创立，创始人是北印度迦毗罗卫国乔达摩·悉达多，即佛教徒所尊称的"释迦牟尼"（意为"释迦族的圣者"）。据传，释迦牟尼是迦毗罗卫国首图驮那(汉译"净饭王")的太子，刹帝利种姓。母亲摩耶是邻国善觉王之女。释迦牟尼出生后7天，母亲去世，他由姨母波阇波提抚养。16岁时娶表妹耶输陀罗为妻，生一子名叫罗睺罗。释迦牟尼自幼过着优越的贵族生活，尽享荣华富贵。净饭王对儿子寄予厚望，多方培养，期望他袭承王位，成为一统天下的"转轮王"。但释迦牟尼预感自己的王国正遭受强邻威胁难免覆灭，因对社会现实和人生老病死的变化无常而产生厌弃现实、追求精神解脱的愿望。29岁时，他舍弃王位，剃去须发，外出修行。后来，他到伽阇山苦行林，在尼连河边静坐冥思，经过6年仍没有获得期望

乌鲁木齐红光山景区佛像雕塑

的结果。于是，他决定放弃绝食和苦行，来到菩提伽耶一棵菩提树下，终于在一个夜晚大彻大悟，修成佛陀。

觉悟成道后，释迦牟尼便向民众传播自己证悟的真理，开始了长达45年的传教活动。第一次听他布道的只有5个人，他们是最早的佛陀弟子比丘，并由此组成僧团。这次说教，佛教史称"初转法轮"。至此，佛教称之为"三宝"的基本要素：佛——释迦牟尼，法——佛教基本教义，僧——信众，皆已俱备，标志着佛教正式形成。释迦牟尼去世几个世纪后，佛教才开始向印度本土以外的地区传播。释迦牟尼80岁时，在希拉尼耶伐底河边的娑罗林，两棵娑罗树之间，右胁

乌鲁木齐县法明寺大佛殿

而卧，半夜入灭。遗体火化后，遗骨（舍利）被释迦族等一些重要氏族分得，建舍利塔供奉。

佛教教义及经典

从释迦牟尼第一次向五比丘说法到他灭寂后的一百多年，佛教的教义和习惯惯例并没有发生大的分歧。这时期的佛教被称为原始佛教，或根本佛教，形成的基本教义为根本教义。主要之点是"四谛""八正道""十二因缘"和"三法印"等。

佛教经典分为经、律、论三藏，"藏"为"容纳""收藏"之义，以概括佛教的全部典籍。经是释迦牟尼本人所说的教义；律是释迦牟尼为教徒制定的必须遵守的规则及其解释；论是为阐明经、律而作的各种理论的解释和研究。佛教经典繁多，内容博大精深。历代不少高僧、学者对三藏作了阐发和注疏，这些论著也称"藏外典籍"。

佛教在西域的传播

根据汉、藏文献记载，佛教传入新疆的时间，大约在公元前 1 世纪七八十年代，早于我国内地约一个世纪左右。传入路线有两条：一条由迦湿弥罗经丝绸之路南道首先传入于阗（今新疆和田），另一条由大月氏、康居经北道传入疏勒（今新疆喀什）、龟兹（今新疆库车）地区，时间略晚于于阗。

佛教传入前后，新疆正处于奴隶制发展阶段。在天山南北建立了数十个"城郭之国"。这些所谓"城郭之国"，实际上只是一些大大小小的、互不统属的地方割据政权。佛教传入各地后，受到上至王公贵族，下至底层劳动人民的普遍欢迎。佛教在各地得以迅速传播开来，并逐渐取代萨满教、祆教成为各地的主要宗教。自此，在新疆形成了以佛教为主要宗教的多种宗教并存的格局。

到魏晋南北朝时期，新疆佛教进入了发展的鼎盛阶段。这一时期新疆佛教的盛况，不仅在《晋书》《魏书》等正史中多有记载，当时

米泉莲池寺

途经新疆前往印度求法取经的内地僧人，如法显、宋云、惠生等人的记载更为详尽。依此可以看出，当时新疆地区十分重视寺塔的修建，各绿洲地区佛寺林立，僧侣成群，宗教活动规模十分宏大。

西域佛教文化的兴盛

鼎盛时期的新疆佛教还形成了于阗、龟兹、疏勒、高昌等佛教中心，佛学研究和佛经翻译十分兴盛，并达到了很高的水平，出现了鸠摩罗什等许多著名的佛学大师和佛经翻译家。佛教在建筑、雕塑、绘画、音乐、舞蹈、戏剧、文学、佛经翻译等方面，都达到很高的水平。

隋唐时期西域的音乐舞蹈艺术达到较高的水平，尤其是佛教音乐舞蹈更是成为各地普遍流行的乐舞形式，并且与民间世俗歌舞娱乐相结合，创造了形式多样、丰富多彩的音乐舞蹈艺术。

龟兹乐舞在西域以及整个唐朝具有特殊的地位，为"胡乐之首"，如玄奘所说"管弦伎乐，特善诸国"，伊州乐、高昌乐都受到其影响，并形成各自的特点。库车苏巴什古遗址（即著名的昭怙厘寺址）曾出土一件舍利盒，是1903年由日本人大谷光瑞探险队掘出，现存日本。这具舍利盒表面被红、灰白、深蓝

龟兹舞剧照

新疆阿克苏出土的精美壁画

三种颜色覆盖，盒内仅盛骨灰，一直没有被人们注意。直到半个世纪以后，才发现颜色层内有绘画的痕迹，经剥去表面颜色，才露出盒上绘制的精美图像。这具舍利盒盒身为圆柱体，盒盖呈尖顶形，盒身周围绘有一队造型十分生动的乐舞图，图像大部分清晰，形象鲜明，是一幅极为罕见的反映龟兹音乐舞蹈艺术活动的珍品。

佛教乐舞反映的是佛国天堂的美好胜景，佛教提倡音乐，是为了用音乐之声陶冶人们的心灵，使人们更容易受到佛的教化，向善从善，敬佛礼佛。在佛教盛行的西域，佛教音乐艺术与能歌善舞的西域民间歌舞融合在一起，形成了西域独特的音乐舞蹈艺术，真实地反映了西域人民的文化艺术生活。

中原与西域佛教文化的交流往来

隋唐时期，西域与中原佛教文化的交流特别是译经授经活动达到高潮，僧人往来十分频繁。西行求法的著名唐僧玄奘，遍游西域各国，

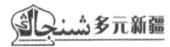

讲经论法，拜师会友，宣扬大乘教，回国后翻译了大量佛教典籍，并且撰写了历史名著《大唐西域记》，对新疆各地的佛教、民族以及风土人情等作了详细、生动的记载。唐代长安西明寺僧人慧琳，本姓裴，为疏勒国裴氏王族后代，精通梵汉，综贯玄儒，他撰写的《一切经音义》共 100 卷，对佛教中的深奥义理和词句翻译等进行注音和释义，是对研究古代佛学以及历史、音韵、训诂、地名等有珍贵参考价值的文献。于阗高僧实叉难陀曾在武则天和唐中宗时两次被下诏邀请到长安译经，武则天亲自为他所译《大乘入楞伽经》作序。第二次来到京城，受到中宗皇帝的隆重接待，亲自出城门远迎，京师僧人则倾城出动，让他乘青象入城。西域与内地佛教僧侣的交往，推动了唐代佛教文化艺术的交流和发展，丰富了我国佛教文化艺术的宝库，也使西域佛教文化向着更高的层次发展。

于阗以佛立国

于阗作为佛教在新疆的首传之地和佛教中心，不仅佛寺佛塔数量多，而且建筑规模大。

据后人考证，当时于阗具有一定规模的寺院达四千余所，兰若小塔数逾五千。著名寺院有 14 座，其中法显所居之寺，有"三千僧"，可见规模之大。另一座是位于城西七八里的王新寺，规模更大。该寺由三代于阗王历时 80 年建成，高 25 丈，雕刻精美，装饰豪华，梁柱、门窗皆贴以金箔，金碧辉煌，气势宏伟，非言可尽。佛教另一中心龟兹，仅城内就有"佛塔庙千所"。寺院多，僧侣必然多。当时和田地区僧侣多达数万人，几近其总人口的三分之一。其中法显在于阗所居住的瞿摩帝寺，就有 3000 名僧侣。其余各地，僧侣人数一般都有数千人，最少的子合（今叶城）也有 1000 人。

大规模佛事活动更反映了当时佛教的鼎盛。于阗国举行一种名为"行像"（即佛像游行）的大型佛事活动。行像活动从四月一日开始，届时"城里便扫洒道路,庄严巷陌"。城门上支起大帐篷,国王和夫人及采女就住在帐篷里。行像前,在离城三四里的地方做一个状如行殿、高三丈多的四轮像车,把佛像立于车中。像车距离城门一百步时,国王要脱掉王冠,换上新衣,赤足持香,出城迎接。像入城时,门楼上夫人、采女纷纷向下抛撒鲜花。这种盛大的行像活动,共进行 14 天,在于阗的 14 座大寺轮流举行。国王自始至终参加,直到整个行像活动结束,才和夫人等一起返回王宫。

此外,玄奘在《大唐西域记》把于阗称为"瞿萨旦那国",说此国国王自称是"毗沙门天之祚胤"。传说印度阿育王太子遭到陷害,双目被人挖出,阿育王发怒,把身边大臣的家族驱逐到雪山以北。这些人在于阗西界"推举酋豪",尊立为主。与此同时,"东土弟子蒙遣流徙,居此东界,群下劝进,又自称王。"后来,东西方发生战争,东方取胜,其王收抚西方民众,在于阗建城立国。后国王无子,向毗沙门天神像祈祷,"神像额上剖出婴孩",并于神前地上涌出"地乳",哺育婴孩。因此,于阗国王自称是毗沙门天的后代,并以瞿萨旦那(意为"地乳")为国号。类似的传说在我国西藏文献中也有记载。

首位西行求学的中原佛僧

朱士行,三国曹魏时代颖川(今河南许昌)人。据史记载,公元260 年,朱士行出家,入佛寺后,对佛教经典的讲授和钻研十分用心。印度律学沙门昙河迦罗到洛阳译经,在白马寺建立戒坛,首创戒度僧制度。当时,朱士行正在洛阳,立志学佛,首先登坛受戒,成为汉土第一个出家沙门的人,也是三国时期第一个前去西域求法的僧人。他出家受戒以后,在洛阳为众徒讲解《小品般若经》。在教授此经过程中,朱士行发现该经籍的内涵要义并没有翻译出来。他听说西域有完备的大乘经典,就决心西行取经,即使是赴汤蹈火、粉身碎骨,也要求得佛经之原本。

朱士行率众徒从雍州（今陕西省长安县西北）出发，路过荒凉无际的河西走廊，从敦煌继续向西南行，沿汉时已畅通的"丝绸之路"南道，越过流沙到于阗国（今新疆和田地区一带），于阗西部与佛教名城迦湿弥罗毗邻，早在公元前1世纪时这里已传入佛教。到朱士行达此取经时，于阗的佛教已经十分兴盛发达，成为佛教东传的桥梁。

敦煌千佛洞供养的于阗国王像

朱士行到达于阗后，为便于取经，先着手学习当地通行的佉卢文和于阗文，之后便努力钻研佛教经典，多方请教高僧大德，力求掌握更多的佛经理论。此间他还搜集了一些重要的佛籍经典，这些都是当时内地人极难找到的。公元282年，朱士行让弟子弗如檀（子法饶，于阗人）携带所得佛经送回洛阳，传说为此还引起了一番风波。于阗地区当时以信奉小乘教（佛教派别，强调"自我解脱"）为胜，因此，当朱士行让弟子护送大乘教（佛教派别，强调"普渡众生"）佛典回洛阳时，于阗当地的小乘教徒便想阻止这些佛经流至中原。于是，他们向于阗国王进谗言，以阻止大乘教流传。朱士行与这些小乘教徒针锋相对，据理力争，但都未能凑效。最后，他向国王讲，既然我们不能裁决此事，那就让天神来断，我现在把这些佛经放到火里烧，假若烧掉了，那就说明天神不让我们带走这些佛经，如果烧不着，说明这是真经，就得允许我们带回去。于阗国王听后，点头同意。朱士行便将这些经书投入火中，火势凶猛，青烟袅袅。待火燃尽，经书依然完好无损。小乘教徒们对此目瞪口呆，于阗国王也只得让朱士行弟子将佛经运送回洛阳。朱士行嘱咐他的徒弟将佛经带回中原并且译成汉语，当时在洛阳十分流行，深受佛教徒欢迎。这对中原佛教研究的兴盛有很大的帮助，进而也推动了印度佛教文化在中国的传播。

吐鲁番千佛洞壁画

除此之外，朱士行在于阗还用当地语言写下了长达 90 章、60 多万字的佛教理论著作，这不仅说明了他的佛学理论已经达到相当高的境界，而且还反映了他掌握于阗当地语言方面的才能也达到十分高的水平。朱士行为寻求真经，不辞万里，在于阗学习研究 20 余年，最后以 80 岁的高龄卒于于阗。

唐僧西天取经

玄奘，俗姓陈，名祎。公元 600 年出生于洛州（今河南偃师县），其父陈慧，一度曾任江陵（今湖北省境内）县令。玄奘兄弟姐妹五人，他是最小的一个，自幼聪慧过人。玄奘少年时代恰逢社会动荡，此时佛教在中原地区得到很大发展，又因为当时出家为僧还可以逃避赋税之累，信佛念经遂成时尚。玄奘的二哥很早便在洛阳净土寺出家当了和尚，玄奘 10 岁时，父亲过世，家境更趋艰难。为了给家里省出一

玄奘法师塑像

张吃饭的嘴，玄奘随二哥到净土寺剃发为僧，作了小沙弥。玄奘很小就受到了佛教熏陶，这对他日后成为一个虔诚的佛教徒影响极大。

玄奘聪慧刻苦，求知欲很旺。西行取经前，他已先后拜学于国内知名的景法师、严法师等13位高僧，精读学习了许多佛教经典，并对佛教的唯识学产生了浓厚的兴趣。唯识学源自印度大乘教内瑜伽宗，认为人生在世即可成佛，这点对于广大信教者具有很大的吸引力，其最主要的经典是《瑜伽师地论》，而当时国内还没有这部佛经，所以，玄奘西行的主要目的就是寻求该经典的真谛要义。

玄奘西行前，中国佛僧到印度取经以及佛僧到中原传教已蔚然成风。内地对于印度的情况已经有了广泛的了解。公元628年，玄奘在长安巧遇来自印度那烂陀寺知名大德戒贤法师的徒弟波密多罗。从他那里得知戒贤法师知识广博，对大乘佛经颇有研究。这更增加了玄奘西行求学的信念。不久，玄奘便会同几位具有共同志向的伙伴，一道上疏陈表，要求朝廷恩准他们西行求经，但被拒绝，其他人见状便都放弃打算，唯有玄奘仍然矢志不移。

后来，经过众多的奔波和劳累，玄奘终于进入了伊吾城（今哈密）。当时伊吾归高昌（今吐鲁番）所属，高昌王麴文泰的祖先是河西金城榆中人（今兰州市东部），玄奘在伊吾逗留期间，刚巧麴文泰的使臣在此，于是他飞报麴文泰。高昌王闻之，坚持请玄奘法师到其王城布道，盛情难却，玄奘便跟着使臣前往高昌。高昌国王对待玄奘十分热情，玄奘学识渊博、谈吐文雅，对宗教的虔诚深深地感动了麴文泰，麴文泰执意请求玄奘滞留于此，辅助自己理政，玄奘婉言谢绝了高昌王的请求，坚持西行印度取经，并且以绝食相待，若不放行，宁愿饿死此地，玄奘坚定的信念和决心打动了麴文泰，应允放玄奘西行，于是两人和好如初，麴文泰与玄奘结为兄弟，并热心给他准备了西行必需的物品和钱财。为了保障玄奘西行途中的安全，麴文泰修书二十封，并敬送一批物品，通告和恳请沿途诸国给玄奘西行提供方便。

玄奘到天竺国后，四处拜师学经，足迹踏遍整个印度，受到了当时印度规模最大的佛教寺院和佛教最高学府那烂陀寺著名法师戒贤法师的热情招待。戒贤法师年已近百，是誉满全天竺的佛学权威，被玄奘的虔诚和他的西行经历感动，亲自为他连续主讲《瑜伽论》15个月。

大型铜雕艺术品《大唐玄奘法师传》，是印度那烂陀寺唐玄奘纪念堂内的主要装饰工艺品之一。

玄奘在那烂陀寺 5 年，精心学习了一系列的佛教经典。然而，玄奘并没有满足，继续到其他佛教圣地巡游，谒拜名师，进一步丰富和完善自己的佛学知识。几年游历后，玄奘重新回到那烂陀寺，德高望重的戒贤法师慧眼独具，邀请玄奘担任该寺的主持，因为玄奘对佛经理论的理解已经达到很高的水平，成为当时那烂陀寺中能通读 50 部佛经的十大名僧之一。玄奘作为外国僧人，担任当时全印度最高佛教寺院的主讲，的确是前无古人后无来者的事情。

历经数载的拜师学经之后，玄奘觉得自己已经掌握了瑜伽宗的玄妙精髓，于是决定回国。消息传出后，很多国王执意挽留，鸠摩罗国王更是许诺，如果玄奘答应留下来，他愿意建造一百座佛寺相谢，玄奘都婉言谢绝。回国时，玄奘带回佛经 520 夹，657 部，许多在国内都是独一无二的。后来，玄奘将这些佛经收藏于长安城中的慈恩寺中。今天，慈恩寺大雁塔仍屹立于西安市中，成为中外游客游览的名胜之一。

玄奘回到长安后，经过努力，便完成了历史巨著《大唐西域记》，这本书是对中国古代新疆历史、地理、民族、宗教、语言文字及社会经济情况研究的一大贡献。同时，著作中对印度当时境内 100 多个国家地区的政治、经济、语言、文化及风俗民情的载述也成为了解古代印度历史的罕世之作。学者拉德利西南在《印度与中国》一书中高度评价唐玄奘："在到过印度的许多中国人之中，玄奘无疑是最伟大的一个，他是中印文化合作的象征。"

整个西行取经，玄奘前后历时 19 年，行程五万多里，历经 130 个国家，他也被称之为行走在古代"丝绸之路"上最伟大的探险家和旅行家。

一代宗师鸠摩罗什

东晋建元二年，鸠摩罗什出生在龟兹国（今新疆库车）。因为他的母亲耆婆聪明好学，通晓多种语言，是一个虔诚的佛教徒，所以，在他7岁的时候，便跟着母亲出家为僧，跟随龟兹名僧攻读佛经。

鸠摩罗什的父亲鸠摩炎，天竺人，家世显赫，世代为相，鸠摩炎的父亲鸠摩达多，是一位非常聪明和有才干的人。鸠摩炎天赋异禀且有高节，本应嗣继相位，然而他不但推辞不就，而且毅然出家。随后东渡葱岭到龟兹国，龟兹王非常敬慕他的高德，亲自到郊外迎接，奉为国师。

鸠摩罗什的母亲，是龟兹王的妹妹，聪敏才高，能过目不忘且能

鸠摩罗什像

解悟其中妙义。其身体有红痣，依命相之法来说，正是必生贵子的特征。到20岁的时候，有很多国的显贵纷纷前来提亲，但她却不肯答应。后来她一见鸠摩炎，十分倾心，决意嫁他。她怀孕时，不论记忆或理解，都倍增于从前，甚至能无师自通天竺语，众人都感到非常讶异。有位高僧说："这种现象，必定是怀有智慧的孩子。"等到鸠摩罗什出生时，她便顿时忘却天竺语。鸠摩罗什7岁时，跟随母亲一同出家。鸠摩罗什依从老师学经，每天背诵千偈，一偈有32字，并能通晓妙谛，不须老师逐句指导。12岁时，他的名声已经远播各国，许多国争着邀请他，但他都丝毫不动心。当时，母亲带领着他到月氏北山，有一位阿罗汉见到鸠摩罗什，非常惊讶地告诉她："应当常守护这位小沙弥，假如他能到三十五岁而不破戒，那么将会大兴佛法，度无数众生。"

鸠摩罗什的奇迹，传遍整个西域，人人钦服，每年举行讲经说法，

西域诸王都云集闻法，并长跪在鸠摩罗什的法座旁边，让鸠摩罗什踏着登上法座。鸠摩罗什的名声不仅远播西域，也东传至前秦。国王苻坚久仰大名，心中早已有迎请的想法。建元十三年，前秦太史上奏："在外国边野，出现一颗闪亮的明星，未来应当有一位大德智人，将来到我国。"苻坚说："我听说西域有位鸠摩罗什，襄阳有释道安。那位外国的大德智人，一定是鸠摩罗什吧！"

后来，他成为一位博古通今、造诣很深、闻名东方各国的佛教学者，成为了一个著名的佛教翻译家，尤其是在介绍佛教思想、佛教文学方面的贡献更加突出，他与真谛、玄奘并称为中国佛教的三大翻译家。

道教——从中原传入新疆的唯一宗教

道教是我国汉族主要信仰的宗教之一，也是中国土生土长的传统宗教。

道教的创立

道教创立于东汉中叶。顺帝时（125—144 年）巴郡江州（今四川重庆）令张陵创立"五斗米道"（因入道者纳米五斗，故称），奉老子（春秋时期道家思想家李耳）为教主，尊称"太上老君"，以老子的《道德经》为基本经典。

道教的思想与信仰

早期道教的思想和道术主要源于：一是中国古代对鬼神的崇拜，包括日月星辰、江海山岳和祖先崇拜等。道教把这种崇拜的许多神灵鬼异纳入教义，形成道教的神鬼系统。二是古代巫术和神仙方术。古人相信，卜筮可以决疑惑，断凶吉，巫师能接交鬼神。这种倚仗巫术祈福禳灾的方式为道教所吸收。战国以后兴起一种鼓吹长生成仙的神

乌鲁木齐红庙子道观

仙方术，这种思想也为道教所承袭，神仙方术演化为道教的修炼方术，方术士演化为道师。三是流行于先秦的谶纬之学，即以阴阳五行来推验灾异祯祥。道教将其融合，并吸取作为方术的内容。四是黄老思想。黄帝和老子同被视为道教的创教人，黄老思想包含着很多神秘主义思想因素，道教将这些因素做了宗教性的解释，使之与神仙方术相结合，又将黄帝、老子神秘化，形成了道教崇拜的内容。此外，这时期传入的佛教及其教义也对早期道教产生了一定的影响。

道教的最高信仰是"道"。道教的教义也是围绕"道"而阐发的。"道"原是道家的哲学概念，《道德经》把道视为"虚无"，是天地万物的本源，是一种超时空的永恒存在。道教把道说成是"神异之物，灵而有性"，认为道是"虚无之系，造化之根，神明之本，天地之光"，"万象以之生，五行以之成"，宇宙、阴阳、万象都是因道而化生。同时，又把老子作为道的化身，所谓"散形为气，聚形为太上老君"，老子成为道教信徒的最高神。以后，逐渐形成了以至高无上的"元始天尊"为首的包括许多天神、地祇、人鬼在内的神仙系统。并认为神仙在其神仙朝班中，各有不同的品级，各有其神通，相成相依，形成无所不能的神力。道教相信道可以"因修而得"，只要认真修道，便可以得道成仙。按照这一思想，道教提出了一系列道功和道术，如服食、行左和道术，如服食、行气、房中术、守一、外丹、内丹以及符咒等。不同道派对修炼方术各有侧重，有的侧重祈福禳灾，有的重视清修炼养。道教的活动有日常诵经礼忏的功课、逢年过节的祭神祝祷，以及为信徒作道场祈福消灾等。

道教的鼎盛与影响

隋唐至北宋，是道教的隆盛时期。这是因为不少帝王崇奉道教的缘故。唐朝统治者自称是老子的后裔，奉行崇道政策，规定道教为三教之首（道、儒、佛）。唐高宗在位时尊奉老子为"太上玄元皇帝"，在各州建立"玄元皇帝"庙，以供祭祀。唐玄宗时，把道士视为宗室

新疆道教——老君庙

对待，待遇十分优厚。将《老子》《庄子》《列子》《文子》四本书列为真经。玄宗还亲自为《道德经》作注，令士庶均须家藏一本《道德经》。唐武宗时，则以兴道废佛，进一步提高道教在封建上层社会中的地位。宋朝皇帝承袭了唐代推崇道教的做法。宋真宗称赵玄朗为赵氏皇帝的祖先，奉作道教尊神，又加封老子为"太上老君混元上德皇帝"。真宗命王钦若、张君房等编辑《道藏》，并大肆兴建道观。这都对道教的发展起了促进作用。

道教在长期流传的过程中，在文学、美术、建筑、音乐及医药学等等领域形成了自己的特点。道教文学在我国文学史上占有一定地位，以宣传道教教义、神仙出世思想及反映道教生活的各种形式的文学作品如诗歌、散文、传记、戏剧、小说等，内容丰富，长盛不衰。唐代大诗人李白曾为道士，其作品充满神仙思想。我国古代不少文人学士都不同程度地受到道教思想的影响。明清时期盛行的"神魔小说"，多取材于道教思想，如明代道士陆西星著《封神演义》以及八仙过海的故事等，在民间流传很广。道教医药学是中国医药学的组成部分，道教追求长生成仙，继承和汲取中国传统医学的成果，在内修外养的过程中，积累起丰富的医药学知识和技术，至今其医学与药学的精华仍在中国医学中占有重要的地位。

道教在西域的传播

道教传入新疆的具体时间尚无定论。根据现有考古资料推断，道教传入新疆的时间大约在东晋、十六国时期，即公元4—5世纪。在吐鲁番阿斯塔那墓葬中出土的大量随葬衣物疏中，有很多是道教的内容。

吐鲁番是新疆通往中原地区的咽喉要冲，从汉代起这里就是汉人活动的主要地区之一。北魏以来，高昌相继出现了由阚、张、马、麴内地四姓豪门建立的汉族政权。所以这里很自然地成为道教向新疆传

阿斯塔那古墓外景

播的首传之地。由于汉族政权的建立和内地信仰道教的汉人不断迁入，
道教在高昌地区迅速传播和发展起来。这从吐鲁番出土的大量随葬物
中得到证明。这一时期的随葬物普遍写有"如律令""急急如律令"
等道教符咒，神仙名称除青龙、白虎、朱雀、玄武外，又增加了"五
道大神""张坚固""李定度"等道教神名，这些都反映了魏晋时期高
昌道教的盛况。

　　唐朝于贞观年间统一了新疆，结束了长期分裂割据的局面。唐朝
皇室自称是道教始祖老子的后裔，对道教大加推崇和扶持。这一时期
道教在内地有很大的发展。唐朝廷尊崇道教，也促进了道教在新疆的
发展。魏晋至隋唐时期，新疆佛教、祆教正处于发展的鼎盛阶段。道
教在这种环境中不仅生存了下来，而且还取得重大发展，除了北魏和
唐朝大力推崇外，道教为适应这一特殊环境而进行的自我调适也是一
个至关重要的因素。道教在新疆的传播过程中逐渐吸收佛教的内容，

为自己涂上佛教的色彩，从而与佛教融合，形成新疆道教的鲜明特点。

元初，在成吉思汗征服中亚的过程中，有大批内地汉族士卒、工匠、商人等，随蒙古军队流入西域，其中不少是道教徒。据记载，成吉思汗为求"保养长生之秘术"，特意邀请全真教著名道士丘处机前来中亚，丘处机行至别失八里受到王宫、士庶、僧、道数百人的威仪远迎。后来，在察合台汗国遇见了留驻这里的汉族道士张公。张公为察合台汗国的大臣，他请求这位全真教首领为这里的道教徒布道，并说："弟子所居，营三坛，四百余人，晨参暮礼，未尝懈怠。"由此也可见，元代西域的道教也很活跃。

道教文化在西域的遗留

道教文化在西域的遗留不多。和静县出土了一件东汉时期的文物"四神规距镜"，直径10厘米，外侧有用浅浮雕法铸出的"青龙、白虎、朱雀、玄武"四神图像，边沿还有一圈篆书铭文："尚方作竞（镜）真大巧，上有仙人不知老。渴饮玉泉饥食枣，浮游天下敖（遨）四海。"这面铜镜显然是一位汉人道教徒使用的遗物。阿斯塔那古墓葬出土的绢画"女娲伏羲图"，图面伏羲女娲下身成蛇形缠绕在一起，伏羲持距，女娲持规，背景是日月星辰，表达了阴阳结合衍生天地万物的道家思想。有一处唐代墓葬，墓室绘有云纹、飞鹤、童子骑鹤图案，穹窿上绘天汉图，中有二十八星宿和月轮，玉兔持杆捣药，左侧有蟾蜍，藻井绘有忍冬纹，伴出十二生肖陶俑。反映的也是"长乐未央，永受嘉祥"的成仙成道思想。道教艺术对佛教的影响，也可以从高昌佛教绘画、音乐等艺术里，看到佛道杂染、相互融合的迹象。

丘处机朝觐成吉思汗

丘处机，姓丘，名处机，子通密，道号"长春真人"，登州栖霞人（今山东蓬莱市），曾拜全真教创始人王重阳为师，是著名的"全真七子"

之一。1217年，他成为全真教第五任掌门。年届七旬的丘处机鹤发童颜、碧眼方瞳，于是外界纷纷传说他精通"长生不老之术"和"治天下之术"。这些传言也传到了率军西征花剌子模国的成吉思汗耳朵里。此时的大汗已是耳顺之年，感到精力日衰、老之将至，身边人又向他进言：丘处机行年300余岁，肯定有长生之术。这样的神仙应该赶紧请来。于是，成吉思汗写下一封言词谦虚、恳切的诏书，派刘仲禄前去邀请丘处机。

起初，接到诏书的丘处机颇感为难，全真教一向主张清心寡欲、清静无为，不希望与乱世的政治有任何瓜葛。为此，他曾先后拒绝过金和南宋的邀请。但丘处机审时度势，为了全真教的发展，他最终决定应诏。

公元1221年春天，长春真人与成吉思汗的使臣刘仲禄、札八儿在家乡会面，随之整理行装，带领弟子赵道安、宋道安、李志常等18人踏上万里征途，向塞北高原挺进，开始了一年多的西行之旅。

丘处机翻越阿尔泰山（今新疆境内），至阿力麻里城（突厥语，"苹果城"，今伊宁市），一直是沿天山山脉北坡西行的。在昌八剌城（今昌吉市）时，丘处机一行受到了空前的盛大欢迎，国王带领文人以葡萄酒款待他们，并献上西瓜，那瓜很大，重量惊人，还有献上来的甜瓜，竟长达二尺，与枕头大小，香甜可口，丘处机在此逗留了两天，拜访他的人络绎不绝。他经过观察，还发现该城当时是佛教、道教与伊斯兰教的分界，在昌八剌城以西，人们只信仰伊斯兰教。这一记述十分重要，它表明直到蒙古统治初期，公元10世纪传到天山南部的伊斯兰教实际上向东传播的地域范围仍未超过昌八剌等城。

丘处机一行离开昌八剌城，经沙漠行至赛里木湖，又穿过果子沟，来到阿力麻里城。丘处机发现，这里的民户初取水时，都是以瓶罐盛水，然后顶在头上拿回家。后来，他们看到丘处机一行路途中所用的中原汲水工具——拼木桶时，都不禁高兴地说，"桃花石诸事皆巧"（汉人做什么都很巧妙），"桃花石"是古代中亚地区当地人对中原汉人的一种称呼。隋朝时期的东罗马史学家摩喀塔就将中国称为"陶格司国"，"桃花石"与陶格司同音异译。

　　1222年初夏，丘处机终于见到了成吉思汗。成吉思汗见丘处机果真是仙风道骨，十分高兴，便开门见山地向他讨要长生之术和长生不老药。丘处机显然早有心理准备，他说："世界上只有卫生之道，而无长生之药，短命之人皆因不懂卫生之道，而卫生之道以清心寡欲为要，即：一要清除杂念，二要减少私欲，三要保持心地宁静。"

　　在后来两人朝夕相处的日子里，丘处机还不断地以身边小事来劝诫成吉思汗。一次，成吉思汗打猎射杀一只野猪时突然马失前蹄，可野猪却不敢扑向成吉思汗。事后，丘处机便入谏说："上天有好生之德，陛下现在圣寿已高，应该少出去打猎。坠马，正是上天告诫陛下。而野猪不敢靠近，是上天在保护着陛下。"成吉思汗对此十分信服，告诉左右人说："只要是神仙的劝告，以后都照做。"成吉思汗过桥时，桥一下子被雷劈断了。丘处机便说，上天打雷是一种提示，你应该利

道教全真第一丛林——北京白云观。

用帝王的威望让人们改变不孝敬父母的不良习惯。于是，成吉思汗就诏告国人，听从神仙的指示，要尽孝道。丘处机还多次劝导成吉思汗，治理天下之术以"敬天爱民"为本，应该体恤百姓疾苦，保护黎民生命。康熙帝曾对此赞道："一言止杀，始知济世有奇功。"

公元 1227 年，丘处机卒于燕京，葬于京西白云观。他死后，弟子李志常编撰《长春真人西游记》，记述了这段不平凡的旅程。由于丘处机的足迹遍及今蒙古、吉尔吉斯斯坦、哈萨克斯坦、乌兹别克斯坦、阿富汗等国，该书也成为后人研究 13 世纪中亚历史与文化以及蒙元时期"丝绸之路"发展历史的不可缺少的珍贵资料，并相继有俄文、法文、英文译本问世。

摩尼教——古代波斯传入西域的又一宗教

摩尼教是继祆教后，传入新疆的又一古代波斯宗教。我国旧译"末尼教""牟尼教"。因其崇尚光明，又有"明教""明门""明尊教"之称。

摩尼教的创立

摩尼出生于公元 215 年或 216 年，出生在波斯一个王公大族家庭。公元 247 年，在萨珊王朝沙卜尔一世的加冕礼上，他第一次宣传了他的宗教——在拜火教的基础上，吸收基督教、佛教和古巴比伦的宗教思想所创立的摩尼教。事实上他首次并未成功。此后，这个年轻人花了很长时间去游历和传教，在他云游的过程中，足迹遍及中亚、印度、东部伊朗。据说在每一个地区他都留下一名弟子去继续他的事业。

40 年后，当摩尼返回故乡时，他已经拥有巨大的影响力和威望，以至于他甚至可以要求沙卜尔王的弟弟接受他的宗教。这位亲王心甘情愿皈依摩尼，并带着摩尼第二次觐见沙卜尔王。这就使摩尼获准可以派他的弟子在波斯境内传教。

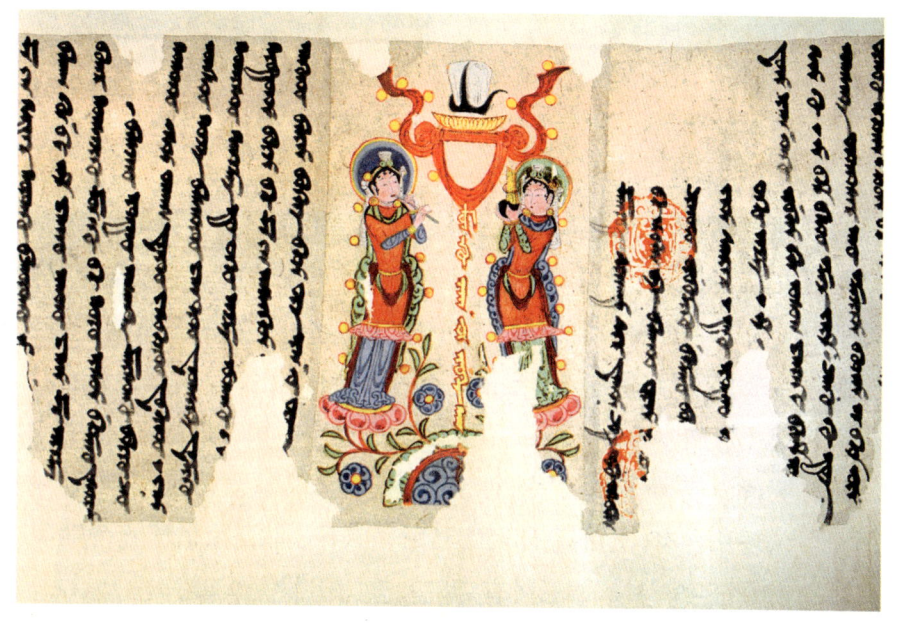

吐鲁番出土的粟特文摩尼教经卷

但是琐罗亚斯德教的祭司们对这一"邪教"受到的礼遇大为不满，他们鼓励国王去反对摩尼，因此摩尼不得不到处躲藏，在沙卜尔王继承者的儿子瓦赫兰统治时期，摩尼被抓获了。在同祭司们进行的一场辩论失败后，摩尼被钉死在十字架上，他的身体被砍成两段，里面填满稻草，悬挂在首都甘第莎普的城门口。之后，其信徒随即四散逃亡，摩尼教也就随着逃亡的信徒传播到世界各地。

摩尼教的教义

摩尼教以"二宗三际论"为根本教义。"二宗"指光明与黑暗，即善与恶；"三际"指初际、中际和后际，即过去、现在和未来。摩尼教认为，在初际，光明与黑暗、善与恶是相对的二元，各有自己的王国，互不侵犯。到中际时，黑暗侵入光明王国，光明与黑暗、善与恶之间反复斗争。在摩尼及其宗教的教化之下，在世界末日的后际，光明最终战胜黑暗，世界重新回到初际时光明与黑暗彼此分离的状态。

摩尼教的主要经典有《彻尽万法根源智经》《净命宝藏经》《赞愿经》《沙普拉甘》等。

摩尼教的戒律和寺院制度

戒律概括为"三封"和"十戒"。三封是指口封、手封和胸封。口封是在饮食和语言上的戒制，不吃酒肉，不说谎言；手封是对行为的戒制；胸封，即要节制淫欲。这三封中，特别重视的是不杀生和禁淫欲。十戒是：不拜偶像，不妄语，不贪欲，不杀生，不奸淫，不偷盗，不欺诈或托言魔术，不二心或不疑念，不怠惰，每日进行 4 次或 7 次祈祷并实行斋戒和忏悔。十戒对于僧俗一般没有重要区别，但规定僧侣不得结婚和食肉，也不允许聚敛私财，主要依靠俗家信徒施舍供食，每日一食，每年一衣。摩尼教有寺院和教团组织。

摩尼教在西域的传播

据说摩尼在世时，摩尼教就已经传播到中亚的粟特地区。后来，向东方逃亡的摩尼教徒大多来到这里，粟特成为摩尼教的第二故乡，这对摩尼教的继续东传具有重要意义。粟特人以善于经商而闻名，信仰摩尼教的粟特商人把摩尼教传播到他们的足迹所到之处。新疆是粟特商人前往内地经商的必经之地，也是他们进行商业活动的主要地区之一，据文献记载，最晚在唐朝初年粟特人就已经在新疆的阿勒泰、塔城、吐鲁番、罗布泊等地区定居下来，形成一个个粟特人的聚居区。大量粟特摩尼教徒的到来，自然也就把摩尼教传播到了新疆。

当时摩尼教在新疆地区虽然没能得到广泛传播，但在漠北回鹘汗国却取得了重大发展。唐宝应二年（763 年），回鹘汗国的牟羽可汗宣布摩尼教为回鹘汗国的国教。据记载，唐宝应元年（762 年），牟羽可汗屯兵洛阳时，在那里遇到睿思等摩尼教的四位高僧，受其说教后深为折服，翌年即携四僧返国，回到漠北后，四位摩尼教高僧奔走于汗国各地，大力宣传和推行摩尼教，由于有统治者的支持，摩尼教很快在回鹘汗国成为占主导地位的宗教，并被宣布为国教，摩尼教成为国教后，其僧侣也享有很高的社会政治地位，统治者常与他们商议国家大事，在回鹘与唐朝的交往中，他们也发挥着重要的作用，回鹘遣使唐朝时，几乎都有摩尼教的僧侣同行。

9世纪中叶漠北回鹘汗国破灭后，西迁的一支回鹘进入吐鲁番地区，在这里建立了高昌回鹘政权。初时，高昌回鹘仍以摩尼教为国教。回鹘可汗周围每天都聚集着三四百名摩尼教徒，为他高声朗诵教主摩尼的著作。以摩尼教为国教的高昌回鹘政权的建立，有力地促进了摩尼教在新疆尤其是在吐鲁番地区的发展。当时，高昌成为摩尼教东方教区教主所在地，在高昌、交河和唆里迷，都有摩尼教的寺院和教团组织。这些寺院中设有院主、法事主、传教、唱诗班、写经僧以及从事杂役的男女。高昌的摩尼教徒开凿和绘制宣扬摩尼教教义的壁画。如伯孜克里克千佛洞第38a窟，在主室正面墙上绘画的是一幅生命树与死亡树交叉图，两树主干两次交叉，由下向上分成三段，这是一幅典型的摩尼教壁画。画中的生命树和死亡树分别象征光明王国和黑暗王国，即摩尼教教义所宣扬的"二宗"；树干两次交叉，表示黑暗侵入光明王国并与光明相混同，以及二者之间的长期斗争；分为三段则明确表示了摩尼教的三际论。该壁画的主旨是弘扬摩尼教的根本教义"二宗三际论"，这一内容的壁画，是摩尼教绘画的主题。

此外，在吐鲁番还发现了大量摩尼教寺院遗址和各种文物。其中一尊教主摩尼的塑像尤为珍贵。像高8厘米，黄铜铸制，空心。该塑像为坐像，摩尼头戴宝冠，身着袈裟，双手已残断，但可看出似交叉置于腿上，面相清瘦、慈祥，呈结跏趺坐于莲花座上。造型生动，铸制精细，工艺水平高超。该塑像是迄今为止所发现的唯一一尊摩尼的塑像，具有极高的文物与研究价值。

在回鹘人改信佛教后，新疆摩尼教才逐渐衰落并最终消失。

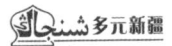

景教——最早传入中国的基督教派

景教即基督教派别聂斯托里派，是我国对该派的一种称谓。"景"字含有"光明广大"之意，源自于《大秦景教流行中国碑》中"真常之道，妙而难名，功用昭彰，强称景教"。聂斯托里即该教的创始人。

景教的创立

聂斯托里是叙利亚日尔曼尼西人，大约生于公元 380 年，卒于 451 年。曾在安提阿（今土耳其安塔基亚）近郊的隐修院修道，是莫普绥爱城主教狄阿多鲁的学生，后任安提阿城主教。428 年，被东罗马皇帝狄奥多西二世任命为君士坦丁堡主教。当时，基督教内部对于基督在"三位一体（圣父、圣子、圣灵）"中的地位问题，即基督的神性、人性及其两者的关系，圣父与圣子之间的关系及圣母玛利亚等，产生了不同看法，形成互相对立的两派。一派认为耶稣基督为一个"位格"，神性、人性是一个统一的本位，耶稣兼具完全的神性和完全的人性，即"一位论"。该派以亚历山大利亚学派为代表，属于正统的基督教信条观点。另一派反对此说，主张基督"二性二位说"，认为耶稣具有神性和人性两个"位格"，神性本体附在人性本体上，因此玛利亚只能是耶稣之母，而不是上帝之母。此派就是以聂斯托里为代表的安提阿派。

此说提出后，立即遭到了亚历山大利亚派的攻击，双方各执一辞，互不相让，遂于 431 年在以弗所召开会议，以判决是非。会议在聂斯托里本人缺席的情况下，得到罗马帝国皇帝祖护的亚历山大利亚派获得胜利。"二性二位说"被判为异端邪说，聂斯托里被判以"绝罚"（断绝来往）的处分。435 年，罗马皇帝下令焚其著述，将聂斯托里革职，流放国外。聂斯托里的追随者自成一派，他们在遭到当局镇压的情况下，向东逃亡，在叙利亚、美索不达米亚等地进行了一定的传布，后有大批信徒从叙利亚逃往波斯，受到波斯萨珊王朝国王的宽容和庇护。498 年，聂斯托里派信徒集会于萨珊王朝首都塞流克亚，宣布独立，与罗马教会断绝一切关系，组成"迦尔底教会"，该派在波斯得到了较大发展。6 世纪时，聂斯托里派已传播到中亚地区，被一部分粟特人、嚈哒人、突厥人信奉。在该派总教主撒里巴萨察在位时，撒马尔罕建立了一个大主教区。景教更进一步向新疆和内地发展。

景教教义

聂斯托里派的教义，除了在基督论的问题上主张"二性二位说"，与主流派"一位论"相对立以外，其他教义、教规、礼仪与基督教大体是一致的，经典同基督教各派一样，以 27 卷的《新约圣经》为根本经典。此外，该派与罗马天主教和希腊正教的不同之处，主要表现在以下几点：

（1）不承认玛利亚为上帝（天主）之母，所以不礼拜圣母。这是希腊正教和天主教攻击该派为邪说的依据。

（2）不用偶像，但保留十字架。

（3）不承认死后涤罪说，但容许教徒奉祀祖先。

（4）反对化体说，但承认圣餐时，耶稣基督实来光临。

（5）内部教阶制度为监督制，共分八级，依次为：教务大总管、总教主、主教（司祭）、僧正、副僧正（执事）、助祭、佐祭员、读经师。自司祭以下五级，可以娶妻。但各地情况并不一样，如在中国的景教总主教都有妻室。此风俗或受波斯祆教的影响，不提倡不娶不嫁的独身主义，允许教士牧师娶妻生子。

（6）规定教徒必须"留须、削顶"，行落发礼，不役使奴婢，不聚财货，济困扶贫。

（7）斋戒较多，规定也较严格，计有"四旬斋""圣徒斋""也里牙斋""通告节斋""尼尼微斋""圣母斋"等。

（8）行七时礼赞。每日诵经祈祷七次。较基督教通行的早课、晚课、赞美经多出四时礼拜。

（9）茹素，教务大总管不食肉。

（10）教务大总管由教会选举产生。

景教在中原的兴盛

聂斯托里派基督教传入中国后，称景教。据陕西周至县出土的《大秦景教流行中国碑》记载，唐贞观九年（635 年），大秦国（东罗马帝国）主教阿罗本到长安，唐太宗给予优渥的待遇，请阿罗本在皇帝的藏书楼翻译圣经，并经常在内室垂询问道。贞观十二年，太宗下令准其传教，由朝廷资助在长安义宁坊建造"波斯寺"（后改名"大秦寺"）一所。唐太宗死后，高宗李治继承太宗宽容的宗教政策，许其自由传教，除长安外，于诸州各置景寺，于是形成"法流十道""寺满百城"的景象，景教在内地的传播达到了鼎盛时期。唐高宗仍尊阿罗本为镇国大法主，保持其景教大总管的地位。武则天称帝后，大力提倡佛教，景教一度受到压制和打击。玄宗在位时，恢复了太宗宽容的宗教政策，曾命其众兄弟到景教寺设立神坛，并修复毁坏的景教建筑，还将高祖、太宗、高宗、睿宗等 5 位皇帝的画像安置在景教寺内，用一百匹丝绸来装饰。玄宗还曾召集景教教士在兴庆宫"修功德"、做礼拜。其后，肃宗、代宗以及一些大臣、将领均表示支持与保护景教。由此足以看到景教在内地发展的繁盛状况。

景教在西域的传播

景教传入新疆大约在 6 世纪下半叶至 7 世纪初，其早期传播情况不详。近代以来，随着景教考古资料的发现，人们对这一时期新疆景教的情况才略有了解。德国人勒柯克在高昌遗址发现景教壁画，吐鲁番附近发现粟特文和用叙利亚文拼成的粟特文的景教经典残片。已发现的景教文物中，还有叙利亚文、中古波斯文和回鹘文的景教经典和文献。据考证，出土的景教文献属于唐宋时期的遗物。这些文物说明，唐宋时期景教在吐鲁番已十分活跃，信仰景教的不仅有外来的叙利亚人、波斯人和粟特人，还有当地居民回鹘人。有学者甚至认为："在唐时，摩尼教已在维吾尔中盛行，庶几成为国教。西迁以后，摩尼教日渐湮灭，代兴者，即为聂斯托利派之基督教。"此说过高估计了景教在高昌回鹘汗国的地位，但却在一定程度上反映了景教在回鹘人中较为盛行的事实。在吐鲁番出土的景教文献中，不少是用回鹘文写成的，如《福音书》《殉难记》《巫师的崇拜》以及景教"赞美诗"。"赞美诗"是专供回鹘新婚夫妇举行婚礼时唱诵的，这一事实说明景教已经渗透到回鹘人的社会生活中。

从吐鲁番的景教遗址和出土文物看，唐宋时期的吐鲁番可能已成为新疆景教的中心。在其他地区，也有景教徒的活动。据亨利玉尔在《契丹行程录》中称，在龟兹附近的拜城，也有景教徒和其他宗教信徒一起居住。10世纪阿拉伯旅行家米撒尔在拔希（今新疆策勒县境）都城，看到"城内有回教徒、犹太人、基督教（景教）徒、火（祆）教徒及佛教徒。"在伊斯兰教传入以前，景教在新疆虽然广为传播，在一些地区如吐鲁番甚至比较盛行，但它的鼎盛时期却出现在伊斯兰教传入之后。

喀什噶尔也是景教的一个中心。12世纪末至14世纪初，喀什噶尔是景教第十九行教区，主教由总主教任命驻节。据记载，1180年喀什噶尔行教区的主教名叫约翰，他是由总主教厄利扎三世任命的。这时的喀什噶尔已是伊斯兰教地区，景教在该地得以传播，是由于西辽和蒙古统治当局对宗教实行兼容并包、保护宗教信仰的结果。因此，西辽至元代，景教已广泛流传于天山南部大部分地区。据许多中外旅行家的见闻，喀什、和阗、莎车、库车、吐鲁番、哈密等地都有景教徒分布。马可波罗看到各地景教徒与穆斯林、偶像派教徒（指佛教徒）

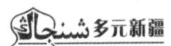

同居一城，他们按自己的教规生活，在自己的礼堂做礼拜。由此足以见证景教在喀什噶尔的兴盛。

伊斯兰教——世界三大宗教中最晚传入新疆的宗教

伊斯兰教是世界三大宗教之一。与佛教、基督教相比，伊斯兰教是"最年轻"的宗教。中国旧称"大食教""天方教""回教""清真教"等。公元 7 世纪初由麦加古莱什部落人穆罕默德创立于阿拉伯半岛。

伊斯兰教的创立

穆罕默德出身于麦加古莱什部落哈希姆氏族贵族世家。他自幼父母双亡，家道中落，12 岁即随伯父和商队到叙利亚及地中海东岸一代经商，广泛接触了阿拉伯社会和各地的原始宗教、犹太教、基督教。25 岁时他与麦加富孀赫蒂彻结婚。赫蒂彻的堂兄是一位基督教学者，也是哈尼夫神思想的传播者。穆罕默德受其影响，经常隐居冥思，探索摆脱危机、振兴阿拉伯民族的道路。相传，他 40 岁时（610年）的一天，当他在麦加城郊希拉山的山洞潜修时，得到了真主安拉的"启示"，宣布自己是安拉的使者和先知，开始了创传伊斯兰教的活动。他的至亲好友成为最早的一批信仰者。612 年，穆罕默德开始公开在麦加传教。他宣称安拉是宇宙万物的创造者和唯一的主宰，是独一无二的，要求人们皈信和敬畏安拉，放弃多神和偶像崇拜，止恶从善；宣讲末日审判和关于"天国""火狱"的学说，提出凡穆斯林（顺从者）不分氏族部落，皆为兄弟，应联合起来，消除血亲复仇，并提出禁止高利贷，买卖公平，施济贫民，善待孤寡和奴隶赎身等一系列社会改革主张，激起了广大贫苦民众对伊斯兰教的向往。但穆罕默德的主张从根本上动摇了多神崇拜的传统地位，触犯了麦加古莱什贵族的宗教特权和经济利益，引起了他们的强烈反对，并对穆罕默德及其信徒施加迫害。

622 年 9 月，穆罕默德带领穆斯林离开麦加迁徙麦地那。在当地一些部落的支持下继续传教，获得了极大成功，伊斯兰教的队伍迅速壮大。穆罕默德在对政治、经济、宗教进行改革的同时，还建立了穆斯林的军事力量，同麦加贵族集团展开武装斗争。麦地那实现统一以后，建立了以伊斯兰教共同信仰为基础的政教合一的国家政权

新疆吐鲁番鄯善县吐峪沟清真寺宗教节日里的伊斯兰教教徒

(乌玛)。穆罕默德成为集宗教、政治、军事、司法于一身的最高领袖。他以先知和安拉使者的身份，传达安拉的"启示"，逐步完成了伊斯兰教教义体系和各项制度的创建。

伊斯兰教的六大信仰

伊斯兰教的基本信仰称为"六大信仰"。

（1）信安拉。相信安拉是宇宙万物的创造者、恩养者和唯一的主宰，是全能全知、大仁大慈、无所在又无所不在、独一无二的。

（2）信天使。相信天使是安拉用"光"创造的一种妙体，为人眼所不见。天使只受安拉的驱使，执行安拉的命令，各司其职。天使数目很多，著名的有四大大使，其中以哲布勒伊的地位最高。

（3）信经典。相信《古兰经》是"安拉的语言"，是通过穆罕默德"降示"的最后一部经典。

（4）信先知。穆罕默德是最后一个使者，因而是最伟大的先知。

（5）信前定。相信人生的一切都是由安拉预先定好的。

（6）信后世。相信人要经历今生和后世，认为将来有一天，世界一切生命都会停止，进行总的清算，即"世界末日"的来临。那时，所有曾在世界上生活过的人，都将"复活"，接受安拉的裁判，行善者进天堂，作恶者下火狱。

伊斯兰教的五功

穆斯林的五项基本宗教功课，简称"五功"。

（1）念功。是穆斯林对自己信仰的表白，其内容是诵念："万物非主，唯有真主，穆罕默德是安拉的使者。"

（2）拜功。穆斯林必须每日朝麦加克尔白方向作五次礼拜，即晨礼、晌礼、晡礼、昏礼、宵礼。每周举行一次星期五聚礼（主麻礼拜），每年古尔邦节和开斋节要举行会礼。阿拉伯语礼拜的音译为"撒拉特"，波斯语称"乃玛孜"。

（3）斋功。每年伊斯兰教历的9月（赖麦丹月）为穆斯林的斋月，每天从日出前开始到日落要斋戒，禁食止饮。

（4）课功。穆斯林个人财产达到一定数量时，都应缴纳一种名为"天课"的宗教税。原来是伊斯兰教法规定的施舍，后来发展成为一种按财产的不同种类以一定比例征收的宗教税。

（5）朝功。穆斯林在身体健康、经济条件许可、旅途平安的情况下，一生中应去麦加朝觐一次。

为履行上述礼拜、斋戒等宗教功课，按规定做必要的净身仪式，即"净礼"，包括大净、小净；在缺水的地方，可以用其他代用品如干净的沙土代替，也称"土净"，以此作为履行宗教礼拜的前提条件并表示信仰的虔诚。

伊斯兰教的十项天命

伊斯兰教又以安拉的名义为穆斯林规定了十项天命：（1）不拜安拉以外的神灵，禁止崇拜偶像；（2）禁止对父母不孝敬；（3）禁止残害儿女；（4）禁止接近丑恶；（5）禁止杀害不可杀害的人；（6）禁止侵吞孤儿的财产；（7）禁止称量不公，亏待别人；（8）禁止说话不主持公道；（9）禁止不完成安拉之约；（10）不得离开正道。教法规定了穆斯林不奸淫、不偷盗、善待孤儿和穷人、行善、施舍、济贫等教规。

伊斯兰教的两大节日

（1）古尔邦节，伊斯兰教历 12 月 10 日举行，也是朝觐者在麦加

"开斋节"，乌鲁木齐大街小巷到处充满着过节的气息。买烤肉的、烤全羊的、买馕的，等等，各种民族小吃到处飘香。

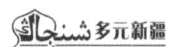

活动的最后一天。相传天使易卜拉欣受安拉"启示",命他宰杀儿子易司马仪献祭,以考验他对安拉的忠诚。当易卜拉欣遵命执行时,安拉又命以羊代子。古阿拉伯人依此传说每年宰牲献祭,伊斯兰教继承这一习俗,规定该日为"宰牲节"。

(2)肉孜节,伊斯兰教历斋月(赖麦丹月,即9月)最后一天寻看新月,见月的次日即行开斋,为开斋节,并举行会礼和庆祝活动。

此外,还有"圣纪""阿舒拉日"等节日。在伊斯兰教传播的不同地区、民族和教派中还有各自独特的节日和风俗。

伊斯兰教的主要派别

伊斯兰教主要有两大教派,即逊尼派和什叶派。穆罕默德去世后,围绕哈里发地位问题,伊斯兰教内部开始分裂,逐渐形成对立的两大派别。逊尼派自称"正统派",是伊斯兰教中分布最广、人数最多的主流派别。逊尼派承认四大哈里发是穆罕默德的合法继承人。除《古兰经》外,还根据六大圣训集建立自己的学说,并以此为立法根据。在神学思想方面有两个著名的支系,一是经典派,在探讨教义时注重经典明文;一是意见派,在重视经典明文的同时,侧重个人意见。逊尼派内部又因对教法问题的不同观点而出现了许多教法学派,著名的有四大教法学派,即哈乃斐学派、马立克学派、沙斐仪学派和罕百里学派。我国的穆斯林绝大多数属于逊尼派,教法学派遵行哈乃斐学派。

什叶派是与逊尼派对立的宗教派别,原意为"追随者",专指拥护阿里的人,认为只有阿里及其直系后裔才有资格成为穆罕默德的合法继承人。在教义上形成伊玛目学说,称其政教合一的首领为伊玛目。将阿里及其后裔神化,认为他们从不犯错误,并认为末代伊玛目已经隐遁,将以救世主的身份出现。神学上强调《古兰经》的"隐意",允许教徒在受到迫害时隐瞒自己的信仰(即塔基亚原则),重视阿术拉节,崇拜本派的圣徒和圣墓。什叶派曾先后在一些国家掌握政权,如也门的栽德王朝、埃及的法蒂玛王朝等。1502 年伊朗国王伊斯玛仪将什叶派定为国教，并延续至今。什叶派内部又有十二伊玛目派、伊斯玛仪派（七伊玛目派）、栽德派等等。我国新疆塔吉克族穆斯林属于什叶派中的伊斯玛仪派。

苏非派是伊斯兰教中的神秘主义派别，约形成于 7 世纪末。反映了一部分虔信者在宗教礼仪和生活方式上与一般穆斯林的不同。除坚持俭朴守贫、禁欲苦行、勤奋礼拜、忘我赞念外，还强

莎车县什叶派清真寺

调精神功修，坚忍克己，净化灵魂，以求与安拉合一。苏非派从神秘主义方向上阐释经训教义，出现了许多神爱论、神智论、泛神论方面和禁欲苦修的著作。继 11 世纪权威神学者安萨里将苏非派神秘主义与正统教义合二为一成为官方信仰后，苏非派在各地先后发展成为类似于西方教会性质而又互相独立的教团。苏非教团作为民间信仰的有组织的形式，传教布道、接纳信徒，注意吸收不同地区、不同民族由来已久的宗教思想和文化习俗，对伊斯兰教在以前从未传播过的地区的发展，起着重要作用。

伊斯兰教正式传入新疆

伊斯兰教传入新疆大约在 9 世纪末至 10 世纪初，即我国唐末至

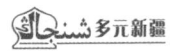

五代初。这与先期传入的袄教、佛教、摩尼教等，先传入新疆再传入内地的情况有很大不同。其主要原因首先是因为阿拉伯军队受到唐朝势力和突厥人的阻遏，使主要依靠武力传播的伊斯兰教没能够继续东传。后来，中亚伊斯兰教萨曼王朝向喀喇汗王朝发动的"圣战"又屡屡受挫，从而延缓了伊斯兰教向新疆传播的进程。

9世纪中后期，在新疆西部到中亚一带相继出现了两个政权。一个是由操突厥语的一些民族在新疆西部至中亚一带建立的喀喇汗王朝，另一个是由当地封建主在中亚建立的伊斯兰萨曼王朝。这两个境壤相接的王朝在初期尚能和平相处，后来，随着萨曼王朝不断发动对喀喇汗王朝的"圣战"，双方关系逐步恶化。893年，萨曼王朝攻占了喀喇汗王朝的副都怛逻斯城，迫使喀喇汗王朝的副汗奥古尔恰克·卡迪尔汗迁往喀什噶尔（今新疆喀什）。从此，喀什噶尔成为喀喇汗王朝的副都。萨曼王朝攻占怛逻斯城后不久，统治集团就发生了内讧，在内讧中失败的王子纳斯尔·本·曼苏尔，乔装潜逃到喀什噶尔，向奥古尔恰克·卡迪尔汗寻求避难。自怛逻斯之战失败后，奥古尔恰克·卡迪尔汗一直在伺机复仇，纳斯尔来到喀什噶尔后，奥古尔恰克·卡迪尔汗决定利用萨曼王朝的内讧给对手以打击，于是，他盛情款待纳斯尔，并委任这位来自敌国的王子为阿图什地区的行政长官。纳斯尔做了阿图什的行政长官后，首先施展"牛皮巧计"在阿图什建立了新疆历史上的第一座伊斯兰教的清真寺——阿图什大清真寺。不久又把奥古尔恰克·卡迪尔汗的侄子萨图克·布格拉汗发展为穆斯林。萨图克·布格拉汗接受伊斯兰教后，一边暗中跟着纳斯尔学习《古兰经》和伊斯兰教知识，一边秘密在贵族成员，特别是青年中发展信徒，经过多年的发展，在他25岁时终于率领由伊斯兰教信徒组成的3000名骑兵，成功地发动了宫廷政变，推翻了奥古尔恰克·卡迪尔汗的统治，夺取了政权，成为喀喇汗王朝第一位接受伊斯兰教的可汗，也是新疆历史上第一位地方政权的穆斯林首领。

萨图克·布格拉汗执政后，立即宣布伊斯兰教为合法宗教，并号召和鼓励人们信仰伊斯兰教，但终其一生也未能把伊斯兰教推行到喀喇汗王朝全境。伊斯兰教历 344 年（955—956 年），萨图克·布格拉汗在喀什噶尔去世，葬于其入教之地的阿图什，其墓至今尚存。

阿图什大清真寺的建立和萨图克·布格拉汗接受伊斯兰教，标志着伊斯兰教正式传入新疆。

喀喇汗王朝第一位接受伊斯兰教的可汗

最早皈依伊斯兰教的喀喇汗王朝首领萨图克·布格拉汗，因早年丧父，母亲按游牧民族"寡妇内嫁"的收继婚习俗，改嫁给他的叔父奥古尔恰克，他便随其母一起来到了喀什噶尔。

萨图克·布格拉汗信仰伊斯兰教的事迹，在维吾尔族民间流传很广，有各种传说，其中都掺杂了一些神话故事和宗教传奇。据记载：萨图克有一天梦见一个白衣人从天而降，走到他面前用突厥语对他说：

萨图克·布格拉汗麻扎

"为了使你在今世和来世都能得到拯救，你要皈依伊斯兰教！"于是，在东方微亮的时候，萨图克便宣布接受了伊斯兰教，取名为"阿布杜·克里木"，他的臣民也都竞相效仿。

又如，民间流传的手抄本《萨图克·布格拉汗传》则更具有神话色彩，其中说道：登霄之夜（即穆罕默德升天之夜，见《古兰经》第十七章第一节），穆罕默德由天使哲布勒依介绍，在太空中见到了将要进入他的宗教怀抱的圣人萨图克·布格拉汗及其同伴的灵魂。回到地上后，穆罕默德对人们说："这个地方首先信奉伊斯兰教的人，就是萨图克。"萨图克降生时，出现许多异兆。占卜师说这个孩子长大后将信奉伊斯兰教，成为统治者。萨图克 12 岁时，有一天他带着 39 个伙伴外出狩猎，遇到化装成老翁的黑孜尔圣人。圣人向他讲解了伊斯兰教和信仰它的好处，以及火狱的恐怖情景，但没有引导他正式入教，因为真主将派阿布·纳斯尔·萨曼尼做他的宗教导师。

据传，在萨图克降生前，阿布·纳斯尔·萨曼尼已在神指定的时间里来到世上，他谦逊随和，熟悉宗教事务，深谙治国理邦之道。一天夜里，他梦见先知穆罕默德命令他立即踏上去东方的道路，去引导萨图克入教。于是，他带着 300 人的商队来到了阿图什。一天，萨图克同伙伴们狩猎又来到阿图什的巴库，在这里他们看到阿布·纳斯尔·萨曼尼的商队。萨图克一见到阿布·纳斯尔·萨曼尼，就立刻意识到这就是黑孜尔圣人所预示的那个人。二人一见如故，萨图克怀着顺从之心接受了阿布·纳斯尔·萨曼尼的指教，念了证词，成为一名穆斯林，他的伙伴也随他一起入了教。

第一位率部接受伊斯兰教的蒙古可汗

在东察合台汗国时期，伊斯兰教获得了迅速发展，是自 10 世纪喀喇汗王朝以来，伊斯兰教在新疆传播的又一次高潮。察合台后王秃黑鲁·帖木儿汗是新疆地区最早接受伊斯兰教的蒙古可汗，他信仰伊

伊犁霍城县秃黑鲁·帖木儿汗雕像

斯兰教的事迹在民间流传很广。

据说，他即位前有一次在阿克苏的阿音科（月牙泉）附近行猎，遇见了在这里传教的贾拉里丁。贾拉里丁的祖先是中亚布哈拉苏菲派教团的首领，属于"火者派"，即有"和卓身份的人"。成吉思汗攻陷布哈拉时，其祖先被流放到新疆咖喇昆仑山一带。后来他的子孙来到罗卜怯台的地方进行传教。到贾拉里丁时，因一场罕见的沙尘暴，该镇被淹没。贾拉里丁携家人及随从逃到阿克苏。在这里见到了秃黑鲁·帖木儿。按照蒙古法令，王室围猎时，所有人都必须回避，违者处死。贾拉里丁来不及回避便被抓了起来，秃黑鲁·帖木儿见他是个伊斯兰教士，便有意侮辱他。贾拉里丁机智地用富有宗教哲理的答辩维护了自己的尊严。秃黑鲁·帖木儿接受了贾拉里丁的宣传，表示登上汗位后将正式皈依伊斯兰教。几年后，秃黑鲁·帖木儿已在阿力麻里称汗，而贾拉里丁已去世。其子额什丁和卓遵父之遗嘱前往阿力麻里汗庭，费尽周折，终于见到了秃黑鲁·帖木儿，向他提起在阿克苏阿音科的前约。秃黑鲁·帖木儿汗表示非常欢迎，在额什丁和其随从

伊犁霍城县秃黑鲁·帖木儿汗麻扎

黑的马特大毛拉的主持下举行了入教仪式，成为一名穆斯林君主。秃黑鲁·帖木儿汗取了经名"艾布伯克里·穆罕默德"。之后，秃黑鲁·帖木儿又与额什丁等商议，"为了传播伊斯兰教，他们必须一个一个地会见王公贵族。如果他们接受了这个信仰，就没有问题，如果他们拒绝，就把他们杀掉"。第一个接受会见的是喀什噶尔的朵豁剌惕部酋长图列克（他是播鲁只的兄长，为兀鲁思别乞），当汗问他是否皈依伊斯兰教时，图列克表示："三年前我在喀什噶尔的时候，就遵从一个圣者皈依了伊斯兰教，只是由于害怕你，我才没有公开宣读信仰的祈祷词。"于是，汗和额什丁为他举行了入教仪式。然后，他们一个一个地考验其他王公，他们也都表示愿意接受伊斯兰教。轮到艾米尔札剌思的时候，他拒绝入教。这时，一部分不愿意信仰伊斯兰教的人把汗包围在中央，指责他们抛弃了祖先的信仰。但在汗的武力威逼之下，那些不愿入教的王公贵族也只好被迫接受。于是，人们大声欢呼，当天便有16万蒙古人剪掉长发，集体宣誓加入了伊斯兰教。

穆斯林的宗教仪式及习俗

穆斯林的心灵家园——清真寺

清真寺的由来

"清真寺"，阿拉伯语音译"麦斯吉德"，意为"叩拜之处"。中国穆斯林对伊斯兰教寺院统称"清真寺"。

"清真"一词在汉语中原为普通名词，是纯洁质朴的意思，用于多种场合，尤其是在不少文人墨客笔下用来赞美品格高尚的人物或描写清雅优美的环境。从元末明初开始，"清真"一词广泛被我国伊斯兰教界采用，无论是从伊斯兰教的碑刻、匾额、各地方志等文献，还是从中国几座著名古寺的名称，如泉州清净寺，杭州真教寺、南京净觉寺、西安清修寺等中，不难看出它们大都使用了汉语中的"清""真""净""觉"等词。相传，在元世祖至元二年，咸阳王赛典赤·赡思丁奉敕重修陕西长安寺，奏请赐名"清真"，以称颂清净无染的真主。

说到这里，我们不得不提到赛典赤·瞻思丁的历史。赛典赤·瞻思丁，全名赛典赤·赡思丁·乌马尔，是布哈拉国王穆罕默德的后裔。"赛典赤"阿拉伯文原意为"荣耀的圣裔"，即伟大的贵族，"赡思丁"的含义是"宗教的太阳"，"乌马尔"的意思是"长寿"。成吉思汗西征时，蒙古军占领了布哈拉，赛典赤·赡思丁率骑兵千人归顺。后来，因赛典赤·赡思丁聪明英武，颇受成吉思汗的信赖和重用，先后历任陕西、丰靖、云内三路达鲁华赤、平阳、太原二路达鲁华赤、云南平章政事。相传，赛典赤是伊斯兰教先知穆罕默德的三十一世孙，明代著名航海家郑和是其六世后裔子孙。因政绩显赫，后来被忽必烈追封为咸阳王。

据载，明洪武元年敕建金陵礼拜寺时，朱元璋亲授御书《百字赞》："降邪归一，教名清真，穆罕默德，至贵圣人……"北京东四清真寺于明正统十二至十三年（1447—1448）建成，皇帝也赐匾额为"清真寺"。"清真"一词在明朝皇室上层得到充分的应用。

随着汉译伊斯兰著作的大批出现，"清真"一词在明清之际逐渐

和田加满清真寺

成为我国穆斯林通用的专用词，王岱舆、马注、刘智等学者的著作中都出现过"清真无染，真乃独一""真主至清至真""真主原有独尊，谓之清真""清真哉真主"等词语。近代新疆著名的回族宗教人士马良俊大阿訇解释道：清则净也，真则不染也，净而不杂，就是清真。"清"者，指真主的超然无染，不拘方位，"真"者，指真主我所始终，独一至尊，这就是"清真"被我国伊斯兰教采用后的新意。此后，"清真"成为伊斯兰教的专用词，人们把伊斯兰教礼拜场所称为"清真寺"，把表白信仰的作证词（万物非主，唯有真主，穆罕默德，真主使者）称为"清真言"。

"清真寺"的起源与伊斯兰教的传播、发展历史息息相关。穆罕

莎车加曼清真寺莲花图案

默德创建伊斯兰教初期就特别重视清真寺的修建。据资料介绍，624年穆罕默德从麦加迁徙麦地那途中，在距麦地那3公里处的古巴依，修建了一座简易的清真寺，它是在战争频繁、物质条件相当困难的环境下，由穆罕默德亲自参加奠基建起的世界上第一座清真寺。在这座简易的清真寺内，穆罕默德率领信士们举行了伊斯兰教创建后的第一个"主麻"（聚礼）。该寺规模虽然不大，千余年来不知修缮过多少次，至今仍屹立在麦地那郊区。穆罕默德的躬身实践，为以后伊斯兰教发展过程中重视清真寺的修建产生了深远影响。637年，第二任哈里发欧麦尔命令出征的将领们，每开拓一个新地区，首先要在此地建清真寺，这为广泛建立清真寺发挥了积极作用。

世界各地清真寺的修建与穆斯林的迁徙、发展有着密切的联系。唐宋时期，由于陆地和海上交通的不断发展，来中国贸易、贡使、旅行、传教的外国穆斯林渐渐多了起来，虔诚的穆斯林要履行宗教义务，完成宗教功课，势必要有一个"叩拜之处"。当时，我国的广州、扬州、泉州等几个主要港口先后出现了以阿拉伯人、波斯人为主的外侨聚居区——"番坊"和管理外侨事务的番长。久而久之，穆斯林聚居区便建立了伊斯兰教的寺院。我国清真寺凡是年代久远的，主要分布在沿海各大商埠和港口。

伊斯兰教历史上著名的四大清真寺

有学者曾说过："就信奉伊斯兰教的阿拉伯人而言，艺术的最高表现，就是宗教的建筑。"早期伊斯兰教清真寺在阿拉伯建筑史上占有极重要的地位。具有代表性的早期伊斯兰教宗教建筑是三大圣寺。据说，穆罕默德在"圣训"中曾宣示穆斯林：有三座清真寺你们必须要去，那就是麦加的禁寺、麦地那的先知清真寺以及耶路撒冷的阿克萨清真寺（即"远寺"）。

先知寺是穆罕默德在麦地那正式修建的一座清真寺。因穆罕默德的陵墓位于该寺的东南角，其继承者艾卜·伯克尔和欧麦尔两代哈里发及其女儿法蒂玛的陵墓也在此，故又称誉为"光荣的先知寺"。麦地那原名为叶斯里卜，622年穆罕默德率教徒迁徙至此，改称为麦地那·乃比，意为"先知的城"。9月，穆罕默德开始建造先知寺。据说，初建时非常简陋，仅有一个空院和用土坯砌成的围墙，后来才以枣椰树干为柱，以枣椰树枝为顶，搭起顶盖来。有史载"穆罕默德在世的时候，这个院子就是教徒们每天集合祈祷的地方。"

麦加的禁寺在伊斯兰教产生之前就已存在，但它成为穆斯林朝觐的中心却是在穆罕默德统一阿拉伯半岛以后。630年，穆罕默德率穆斯林进占麦加，清除寺中一切偶像。据杨永昌先生考证，禁寺"有二十五座大门，被高达二十米的围墙连接在一起。七个高耸入云的尖塔分别矗立在禁寺周围。"禁寺在信仰伊斯兰教各民族生活中的地位，

大马士革标志性建筑之一倭玛亚清真寺

是任何一座清真寺都难以比拟的。

　　远寺位于耶路撒冷，也称"阿克萨"清真寺，是倭马亚王朝哈里发阿卜杜勒·麦立克执政时开始修建的。623年穆罕默德进入麦地那前后相当一段时间内，耶路撒冷一直是穆斯林礼拜的朝向。传说，第二任哈里发欧麦尔曾在此礼拜祈祷，故亦称"欧麦尔礼拜寺"。

　　另外，倭马亚清真大寺在伊斯兰世界中也享有盛名。705年，刚刚继位的倭马亚哈里发韦立德为展示其雄才大略，继其父阿卜杜勒·麦立克之志，修建了叙利亚大马士革清真寺——即倭马亚清真大寺。值得一提的是，在远寺和倭马亚清真大寺建立以前的所有清真寺均以麦地那先知寺为楷模，有露天的院子和泥草搭成的屋顶，即以简单、朴素为特色。而倭马亚清真大寺的修建则"耗资四万余第纳尔，历时近十年。"倭马亚清真大寺正式使用了指示礼拜方向的半圆形的凹壁——"米海拉卜"，并采用了召唤礼拜的高塔——"米宰奈"，此座享有崇高地位，被誉为伊斯兰世界最雄伟的寺院建筑之一，被认为是伊斯兰教的第四座圣寺。

维吾尔族清真寺

维吾尔族清真寺可分为四种类型：

一是艾提尕尔清真寺，一般建在穆斯林文化中心的城镇，由当地最有名望的大毛拉主持，是当地宗教活动的中心。"艾提尕尔"意为"节日礼拜场所"。这类清真寺一般讲究建筑规模宏大、殿堂宽敞、彩绘精细。寺内有较大的教经堂，会礼时有宗教学识水平高的哈提甫主

喀什市艾提尕尔清真寺

持诵经仪式。这类清真寺中最著名的是喀什的艾提尕尔清真寺。

二是主麻清真寺，一般建在穆斯林人口相对集中的地方，意思是"聚礼之处"。按照伊斯兰教的规定，每个星期五（主麻日）中午，穆斯林必须到清真寺参加集体乃玛孜（又称"主麻拜"），听"卧尔兹"（讲经）宣讲，因而这类清真寺称为主麻清真寺。在县城，穆斯林聚居人口多的地方往往有多座主麻寺，农村人口集中的村落一般也有一座；人口少的村落，则几个村落合在一起修建一座主麻寺。

三是一般清真寺，遍及全疆，南疆尤多，城乡随处可见，是穆斯林平日礼拜和祈祷的场所。这类清真寺以所在的场地来命名，如巴扎清真寺，柴木地清真寺等。这类清真寺一般规模小、有门楼、宣礼台，一间学经堂和一个院子，多为平房建筑，教职人员少。

四是麻扎清真寺，多作为附属建筑与麻扎（陵院）设在一起，供

塔吉克清真寺

朝拜麻扎的人员完成功课。比较知名的麻扎多为著名宗教人士、学者的埋葬处，实际上也往往是逝者的家族或宗派的公墓。喀什阿帕克和卓麻扎内建有规模宏大、建筑豪华的 4 座清真寺和一座大教经堂，可谓麻扎清真寺之冠了。

清真寺在维吾尔等少数民族的日常生活中具有很强的文化功能，成为人们日常生活中的重要组成部分。它作为一种宗教文化，影响着穆斯林群众的思想。穆斯林的生老病死，婚丧嫁娶，衣食住行，从出生前到死后，无不同清真寺有着密切的联系，直接或间接地几乎影响着维吾尔族穆斯林的全部生活。

穆斯林的基本功课——礼拜

登宵节的来历与五次礼拜

登宵节是阿拉伯语的意译，原意为"阶梯"，伊斯兰教的节日之一。

相传，穆罕默德 52 岁时，伊斯兰教历纪元前一年（621 年）7 月 27 日夜晚，为了躲避一些反对派的攻击和谋害，而到他妹妹温母哈尼家中暂时隐蔽。就在这天晚上，安拉命令天使哲布勒伊牵上天马来接穆罕默德。穆罕默德在哲布勒伊的陪伴下，乘天马从麦加到耶路撒冷，虽然路途遥远，可一刹那就到达了。穆罕默德从耶路撒冷登宵，登到第六层时，会见了先知穆撒，穆撒让穆罕默德向真主礼一拜，而他礼了三拜（现在回族穆斯林仍遵圣行，把这三拜作为"副天命"）。穆罕默德到第七层时，见到了"天堂""火狱"等，返回到第六层时，又遇见了先知穆撒，穆罕默德告知真主说："今后每天礼五十次拜作为天命"。

穆撒听后说，这样穆斯林没那么多时间，可能承受不了，穆罕默德也感到这样做确实不现实，就连续九次求真主减少拜数，直至减到一日五次礼拜，黎明时分穆罕默德重返麦加。这就是一日五次礼拜的由来。

登霄节不是所有的穆斯林都过，现在主要是在回民穆斯林中。登霄节这天晚上，回族穆斯林聚集到本坊清真寺礼拜祈祷，以示纪念。这天晚上一般要听阿訇讲"卧尔兹"，宣讲穆罕默德登霄的意义、情景和真主对穆罕默德的特别恩赐，要求穆斯林都要以穆罕默德的言行为镜子，严格要求自己，做一个好的穆斯林。

五次礼拜

拜功是穆斯林向麦加方向做祈祷的一种宗教仪式，是伊斯兰教一项基础的功课。维吾尔语把拜功叫做"乃玛孜"，"乃玛孜"是波斯语的借词，意为"礼拜"。

礼拜时必须完成基本的六个条件：身净、衣净、处所净、立意、认时、朝向正。

（1）身净包括小净和大净，按照规定程序进行，既达到清洁的目的，又强化了信仰。

（2）衣净，凡是做乃玛孜的人，必须穿着干净衣服，衣服上不能有污迹。

（3）处所净，礼拜之地必须洁净，清真寺是专门为穆斯林礼拜、集会、宣道、讲经而设立的洁净之地。按照伊斯兰教法，凡礼拜者以去礼拜寺为佳，如因故不能去寺里礼拜，在家在外都可以，但必须选择净处礼拜。其净处最小的限度是能容纳两足和叩头之处。在一般维吾尔人家，常常可以发现炕上放着一个小毯子，就是专门用来做乃玛孜的，这块毯子不能踩踏或用于其他用途。

（4）立意，即虔心致意，就是临拜时必先虔心对主，明确自己所礼之拜及其拜数，然后入拜。

（5）认时，是说礼拜要在规定时间内进行。每天有五次天命拜，每拜有确定的时间。晨礼在拂晓至日出前举行，晌礼在中午太阳偏斜到日偏西时举行，晡礼在日偏西至日落期间举行，昏礼在日落至晚霞消失之间举行，宵礼在晚霞消失后至次日拂晓前举行。

（6）朝向正，指礼拜的朝向是麦加，新疆穆斯林的朝向是西向。

礼拜的仪则

礼拜由若干节动作造成，有一套固定的仪式和严格的要求，主要包括：端立、背诵诫词、诵经、鞠躬、叩首、跪坐。

穆斯林群众在新疆喀什市艾提尕尔清真寺做礼拜。

穆斯林的尊贵吉祥月——斋月

斋月的来历

斋戒是伊斯兰教礼法中的一项重要律例，属于穆斯林力行的五大功课之一。斋戒是阿拉伯语"索姆"或"隋亚姆"的意译，波斯语为"肉孜"，新疆各族穆斯林即称"斋戒"为"肉孜"，俗称"封斋""把斋"或"闭斋"。斋戒意指"焚烧"，即穆斯林希望焚烧体内多余的物质和欲望，净化心灵和肉体，以获得安拉的青睐和肯定，最终获得安拉赐予的智慧。伊斯兰教所尊崇的众先知，大都倡导、力行过斋戒。伊斯兰教历二年八月，先知穆罕默德依据《古兰经》启示，宣布每年的伊历九月（莱麦丹月）为穆斯林的斋月，凡成年健康且理智健全、又无怀孕、旅行等特殊情况的穆斯林男女都要在此月封斋，即举意虔诚为主，于每日黎明前至日落时，戒除饮食、房事及一切邪念与罪恶。

斋戒的要求

（1）对斋戒者的要求。斋戒时，最重要的条件是举意，举意就是自己内心的独白。斋戒的举意，既可选用阿拉伯语，也可使用自己的母语。其内容如下："我举意虔诚为主（安拉），封黎明至日落的主命斋，求主准承，求主护佑，成全我的斋戒。"斋戒者必须保持身心洁净，清心寡欲，举止端庄，谨言慎行。斋戒期间必须保持身心洁净，近善远恶，谨言慎行，经受连续一个月的"克己"生活。

（2）斋月始于伊斯兰教历九月初新月的出现，结束于教历十月初见到新月时为止。即在斋满 29 天当晚寻看新月，如看到，翌日即为开斋节；否则，应当继续封斋一日。

（3）伊斯兰教法规定，除儿童、精神病患者、理智不健全和残疾者外，其他穆斯林都应封斋。病人、孕妇、哺乳期妇女、旅行者、在经期的妇女或因工作而不停流汗的人也可以不封斋，但需根据各自情况补斋或施舍。

斋戒的意义

斋戒是伊斯兰教表现在行为方面的重要功课之一，是穆斯林生活中非常神圣的事。作为穆斯林的一项宗教义务，斋戒也是维系和坚定信仰的重要方式。

穆斯林的有条件义务——朝觐

朝觐的历史由来

朝觐，阿拉伯语是"哈吉"，意思是"走向一个地方"；在现代语意中，"哈吉"就是"奔赴麦加"，去完成伊斯兰的朝觐功修。朝觐原是古代阿拉伯民族的宗教传统，在伊斯兰教兴起之前，阿拉伯半岛的居民每年都要从四方涌向麦加，举行集市交易活动，而后在 12 月份朝觐天房并到米纳、阿拉法特山举行祭祀活动。自伊斯兰教先知易卜拉欣父子在麦加修建起天房克尔白之后，这里就成为人们祭祀的中心，麦加城基本上就是围绕着这个中心发展起来的。早在伊斯兰教诞生前，克尔白就是礼拜的场所。穆罕默德幼年时，克尔白曾是信奉多神教的阿拉伯人供奉他们部落和地区所信仰的各种神灵的殿堂，后来被穆罕默德发动的伊斯兰革命将所有偶像一扫而光，但来此朝觐的习俗——纪念真主和圣贤易卜拉欣，而不再是向多神教的偶像顶礼膜拜——被伊斯兰教所吸收，并获得了充实和发展。

公元 631 年，先知穆罕默德委派艾卜·伯克尔前往天房朝觐，并由自己女婿，即后来的第四任哈里发阿里朗诵了《古兰经》中的"忏悔章"，并向世人宣告今后再也不允许多神教徒再来麦加朝觐。第二年，穆罕默德从麦地那出发，率领 10 万穆斯林进行了朝觐。在这次朝觐中，穆罕默德对传统的朝觐仪式进行了改革，他指导并带领人们进行受戒、游转天房、奔走萨法与麦尔卧、驻米纳、登阿拉法山等仪式。圣门弟子及后代的穆斯林学者根据《古兰经》精神，并参照先知最后一次朝觐的全过程，确定了伊斯兰教的朝觐大典模式。每年正式朝觐的时间是伊斯兰教历 12 月 7 日—12 日。

朝觐的条件

按照《古兰经》的规定，凡身体健康、经济条件允许的穆斯林，一生中应到沙特阿拉伯的麦加朝觐一次。伊斯兰教不仅规定要朝觐，而且规定了朝觐这项功课的各种条件，这些条件中就包含了中道思想，既鼓励有能力者朝觐，又不赞成无能力者朝觐。主要有：

第一，伊斯兰教不要求没有能力的人参加朝觐，借钱朝觐、摊派朝觐，为朝觐变卖家产更不符合教法规定。

第二，为了名誉攀比朝觐不符合伊斯兰教朝觐的精神。没有达到条件而不顾及自己的经济力量去争强好胜，勉为其难，其实没有理解朝觐的真义，为个人名声进行朝觐，是不允许的。

第三，朝觐者所经过的路途必须是安全的。朝觐途中不能有任何障碍，不能有任何麻烦。如因战争或严重的流行病而危及生命，治安很不好而造成财物被掠夺者，均属无能力者。

朝觐旅途中的故事

据说，我国明朝航海家郑和的父亲是位哈吉，郑和本人虽到过阿拉伯半岛南端，而未能去天房朝觐，只有随从马欢等人到麦加完成了朝觐，还绘制了一副名为"天堂图"的禁寺写生图，这可能是我国穆斯林关于朝觐的最早文字记录之一。新疆穆斯林因同中亚、西南亚穆斯林地区毗邻，朝觐的人数一直比内地要多。19 世纪中叶，云南伊斯兰学者马德新撰写的《朝觐途记》，可算是穆斯林学者最早记述朝觐的专门著作。那时朝觐的路对穆斯林来说既是神圣而令人向往的路，

来自160多个国家的大约250万穆斯林来到麦加，聚集在大清真寺参加一年一度的朝觐活动。

也是一条充满艰辛的路。据史料讲，西北各地穆斯林朝觐者大都是自行串联本地乡亲，凑足盘缠，结伴而行，沿古丝绸之路南北二线，穿中亚或西南亚大陆，到达阿拉伯半岛。也有人从云南、西藏出境，经印度、孟买乘船入红海抵吉达港。中间要骑毛驴、马匹、骆驼，乘帆船，有时还得徒步跋涉，穿越沙漠，餐风宿露，忍受饥渴和疾病的折磨，有时还会碰上拦路抢劫者，甚至付出生命的代价。因此，一次朝觐往返长达一两年，要付出常人意想不到的精力和时间，朝觐者须有坚定的信仰和克服艰难困苦的毅力。

新中国成立后，我国党和政府贯彻宗教信仰自由政策，鼓励和支持符合条件的穆斯林到麦加参加朝觐。1952年，经中国穆斯林知名人士提议，并报请党中央和毛泽东主席批准，中国组织了16人的朝觐代表团乘飞机前往朝觐。但由于种种原因，我代表团未能实现朝觐愿望。这是新中国派出的第一个伊斯兰教代表团，在当时产生了很大的影响。

1955年4月，亚非和平会议在印尼万隆举行，中国代表团在会议上利用一切机会，表达了中国穆斯林要求朝觐的希望与要求。1955年8月，在周恩来总理、埃及总统纳赛尔和沙特费萨尔国王的努力下，新中国朝觐代表团20人顺利完成了朝觐，这一活动受到了伊斯兰世界，尤其是中东国家的好评。十一届三中全会后，党中央全面贯彻落实宗教信仰自由政策。1979年10月，中国伊斯兰教朝觐代表团再赴麦加，以崭新的精神风貌完成了一系列宗教仪式。沙特政府为我国的朝觐者提供了多方面的照顾和高规格的接待。一直到现在，在党和政府的关心支持下，新疆每年都有一定数量的穆斯林群众参加朝觐活动，得到了各族穆斯林群众的好评。

穆斯林的两大节日

肉孜节

肉孜节，也叫开斋节，是阿拉伯语"尔德·菲图尔"的意译，因在封斋一个月后开斋的那天举行而得名，波斯语称"肉孜"，所以维吾尔族等民族也称斋戒为"肉孜"。

肉孜节在伊斯兰教历每年10月1日举行，主要是庆祝斋月期满。斋戒是伊斯兰教的五项功课之一。每年斋月始于伊斯兰教历9月初新

各族居民欢聚一堂载歌载舞欢庆肉孜节。

月的出现，结束于教历 10 月初见到新月为止。即在斋满 29 天的当晚看到新月，第二天即为肉孜节，否则继续封斋一天，节日顺延一天。维吾尔族等在吃斋饭时，亲友、邻里之间都热情相邀。

据说，安拉就是在肉孜节这个月，将《古兰经》降于邻近的天上，以后 23 年中，安拉派天使哲布勒伊把经文陆续从天上降给穆罕默德，因此，斋月是尊贵的月份，倍受穆斯林重视。关于节日的来源，据伊斯兰教经典记载，伊斯兰教初创时，穆罕默德在斋月满时，进行沐浴，然后身着洁净的服装，率穆斯林步行到郊外旷野举行会礼，并散发"菲图尔钱"（开斋捐）表示赎罪，后相沿成俗。

关于"肉孜节"的来历，也有两则宗教传说流传于维吾尔族民间。相传古时候，有一次闹灾荒，孩子们由于饥饿啼哭不止。母亲无奈，把拳头大小的软石放进锅里煮，哄孩子们说："妈妈给你们做汹克提麻克（一种饭食，用玉米面做成，形状像窝窝头，水煮，吃时带汤）吃。"并不时地用木棍戳一戳给孩子们看，让孩子们相信还没有熟，还太硬

新疆维吾尔族穆斯林群众纷纷走上街头采购节日物品欢度肉孜节。

不能吃，需要耐心等待。一次又一次，孩子们再也没有耐心等待了，闹着非要吃不可。母亲没办法，只好揭开锅还想用木棍戳给孩子们看。不料，木棍竟然戳了进去。母亲很惊讶，仔细一看，原来锅里煮的软石都变成了可以用来充饥的"恰玛古"（蔓菁）。人们相信这是神灵为了拯救他们而显示的奇迹，奔走相告，彼此祝贺得救，载歌载舞，以各种娱乐方式欢庆，感谢安拉的恩典。从此每年的这一天人们都以同样的方式纪念，久而久之相沿成习，流传至今。

另一则传说是：古时候人们为了躲避强大部落的袭击劫掠，藏在深山密林里，白天不敢生火煮饭，恐怕升腾起来的烟柱被人发现，等到天黑时才动火做饭吃。这样年复一年，代代相传演变成俗。

斋期满后，节日的凌晨，人们聚集在礼拜寺做盛大的礼拜，礼拜结束后，人们去墓地悼念亡故的亲人，然后开始热闹的节日活动。家家户户都备有丰盛的节日食品，如馓子、糖果、点心等，人们身着节日盛装，走亲访友，路途相逢要互相拜年祝贺，男女老少成群结队出来游玩，各种娱乐场所同时开放。在南疆还有说评书的，内容多为宗教故事。到了晚上，当封斋将要结束时分，清真寺开斋的钟声响起，情况就与封斋时完全不同，人们可以饮食说笑，左邻右舍可以团聚一桌，甚至行路的陌生人感到饥饿时，随便走到素不相识的人家，都会受到主人的热情招待。

古尔邦节

"古尔邦节"是阿拉伯语的音译，称作"尔德·古尔邦"或"尔德·阿祖哈"，"尔德"是节日的意思。"古尔邦"和"阿祖哈"都含有"牺牲""献身"的意思，所以一般把这个节日叫"牺牲节""宰牲节"或"忠孝节"。它是中国维吾尔、回、哈萨克、乌孜别克、塔塔尔、塔吉克、柯尔克孜、撒拉、东乡、保安等少数民族的传统节日。回族又称它"过大年"，维吾尔族也称之为"库尔班节"。每年伊斯兰教历的 12 月 10 日过此节。

古尔邦节是根据古代阿拉伯地区的宗教传说演变而来的。伊斯兰教法规定，教历每年 10 月上旬为教徒履行宗教功课前往麦加朝觐的日期，在最后一天（12 月 10 日）以宰杀牛羊庆祝。这一天正值肉孜节之后的第 70 天。古尔邦节宰牲献祭，起源于古代先知易卜拉欣的传说。相传在很久以前，先知易卜拉欣对安拉无比忠诚，并常以大量牛羊骆驼作为牺牲献礼，人们对他无私的虔诚行为大惑不解。易卜拉欣当众郑重表示，倘若安拉降示命令，即使以爱子伊斯玛仪做牺牲，也决不痛惜。安拉为了考验他，几次在梦中命他宰杀自己的儿子伊斯玛仪，以考验他对安拉的忠诚。于是易卜拉欣先向爱子伊斯玛仪说明原委，并带他去麦加城米那山谷。途中，恶魔易卜劣厮几次出现，教唆伊斯玛仪抗命逃走，伊斯玛仪拒绝魔鬼的诱惑，愤怒地抓起石块击向恶魔，最后顺从地躺在地上，遵从主命和其父的善举。正当易卜拉欣遵命举刀的一瞬间，安拉派遣特使牵着一只羚羊匆匆赶到现场，命

新疆哈密市陶家宫乡的维吾尔族妇女在跳麦西来甫。

以宰羊代替献子，说安拉已经看到了他的虔诚，可以以羊代替献祭。从此，根据这一传说，在阿拉伯民族中形成了每年宰牲献祭的习俗。穆罕默德创立伊斯兰教后，继承了这一仪式。并把伊斯兰教教历 12 月 10 日定为古尔邦节，以后成了信仰伊斯兰教各民族的共同节日。我国使用的公历与伊斯兰教历每年有 11 天的日差，故每年古尔邦节的公历日期不固定。

按照传统习惯，节日前，穆斯林家家户户都把房子院落打扫干净，赶制节日新装，特别是要预先买好作为"献牲"的牲畜。妇女们则要制作各种糕点，炸油馓子、烤馕，购买各种糖果等食品，为节日做好准备。古尔邦节这天清晨，男人们沐浴更衣，到清真寺参加聚礼，之后上坟缅怀先人。按传统，节日聚礼之后的早晨是献牲祭祀、取悦安拉的最佳时机。男人们从清真寺做完礼拜回到家后的第一件事就是宰牛羊。节日第一天早上，杀牲血祭，各家各户格外忙碌，又是炖肉又是灌面肺子和米肠，又是烧羊头，节日气氛非常浓郁。凡家境好一点的都要宰一只羊，有的还宰牛或骆驼，所宰牲畜必须头角端正、体窍完整、健壮，没有任何缺陷。经挑选的牲畜不能是幼畜，羊羔一般须满两岁，牛犊、骆驼羔一般须满三岁。宰牲时其主人必须在场，并念"清真言"。所宰之肉不能出卖，分三份，其中一份要作为施舍分给孤寡老残和穷苦人，一份送亲友邻居，招待拜年的客人，一份留作自己食用。通常人们把血祭牲畜宰好、把大块大块的连骨肉炖到锅里之后男子们才开始互相拜年，妇女们则留在家里炖肉、摆节日食品、烧茶等，准备迎接客人。如今随着社会的发展，施舍的旧俗已趋于淡化消失了。但是，当客人来拜年时，主人依然把大块儿的清炖羊肉端出来请客人享用，并亲自将肉切下来，递到客人手里。节日期间，家家户户桌上都放着一大盘香喷喷的羊肉和金灿灿的油炸馓子，周围用小碟子盛放着各式糕点、糖果等。人们穿上最好的衣服，戴上最美的首饰，互相拜年，表达问候，热情招待来拜年的客人。节日期间，无论是城市还是农村，都要举行盛大的"麦西来甫"歌舞集会。主要内容有"撒那"（维吾尔族男子跳的一种大型集体舞）、"赛乃姆"（维吾尔族妇女跳的一种抒情舞蹈）和"多朗赛乃姆"（大型双人舞和群舞）三种歌舞。无论男女老少，都在欢快的民乐声中翩翩起舞。

这个节日一般要欢度 3 天。节日的第一天，首先给在近期内发生过丧葬等家难的乡亲拜节，表示慰问；其次是给夫妻双方的长辈拜节；再次，就是给近邻和长者拜节。在这种礼节性的拜节活动中，除了给夫妻双方的老人拜节是夫妻同去之外，其他的拜节活动往往是三五成群，男女分开进行。在维吾尔民间礼俗中，一般是不允许男女混杂的。这之后，才是同辈的亲朋好友之间的拜节。大家除了互相道贺，彼此问候之外，还要共餐痛饮，吹拉弹唱一起娱乐。

维吾尔民间的拜节，是维吾尔人增强社会联系，严守礼尚往来这一准则的重要组成部分。如今，古尔邦节已成为维吾尔族等新疆少数民族的传统节日，这一节日全区各族干部职工放假三天，共同欢度佳节。

宗教色彩的人生礼仪

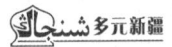

穆斯林的命名礼

　　早在古代维吾尔先民就有给新生婴儿命名的正式仪式，当时被称为"阔丹"。随着 10 世纪伊斯兰教的传入，伊斯兰文化给维吾尔人带来了全方位的变化，依据伊斯兰文化命名成为维吾尔人名的主流，命名仪式也发生了相应变化。这种仪式已成为维吾尔风俗的一部分。

　　婴儿出生几天后，要请宗教人士阿訇当主持人给小孩举行命名仪式，一般是婴儿父母的近亲长辈参加，维吾尔族称"阿塔托义"。参加仪式的人吃过便宴后，仪式就开始了。婴儿的姥姥或奶奶将婴儿包裹在干净漂亮的小被子里，从母亲身边抱出来交给阿訇，阿訇跪坐在"贾依那玛孜"（礼拜时用的小毯子）上，双手接过婴儿后，首先对着婴儿的右耳诵念祷告词，然后对着婴儿的左耳念赞祝词，并呼唤为婴儿选定的名字："今后你就叫某某某。"阿訇在说第一句时，腾出一只手用食指捂住耳眼，模仿唤礼员在清真寺塔楼上唤礼时的样子，有腔有调轻轻地吟唱："真主至上，万物之主，穆罕默德是真主的使者，大家都来礼拜啊！"参加命名礼的人们听到这庄严的声音都默念清真言。阿訇重复三遍婴儿的名字后，把婴儿轻轻地放下并顺势往前一滚，使婴儿惊叫哭喊起来，这时大家从肃穆中转为喜悦，由在场的年长者如婴儿的爷爷将婴儿抱起，呼唤婴儿的名字哄一哄、逗一逗，并按自己的心愿祝福几句，然后递到下一位客人手中。按辈分和年龄大小依次下传，直到由婴儿的父亲送回卧床休息的婴儿的母亲怀中，命名仪式才宣告结束。

　　古代维吾尔先民信仰原始宗教，其名字也多来自自然界。如传说中的乌古斯可汗的儿子们叫"太阳、月亮、星星、天空、大山、海"。历史学家艾合买提·扎克瓦力迪在《突厥与塔塔尔的历史》一书中写到：突厥人尊敬"土地、面粉、木头、钢铁"等类的东西，由于铁器在战场上能发挥一定的作用，先民们尊敬和珍惜铁制品，甚至还附加于姓名称呼上。如人名"铁木尔汗""铁木尔巴依"等。名字中使用"铁木尔"一词，大概有三个方面的原因：一是受原始宗教信仰的影响；二是"铁器"不仅在战场上用，而且与生活密切相关；三是表示其这一名字的主人经得起磨难，有长寿之意。

喀喇汗王朝萨图克·布格拉汗首先采用了伊斯兰教经名阿不都·克力木（意为"尊敬的真正奴仆"）。此后，在维吾尔族人当中起《古兰经》中的经名的人也不断兴起。例如木提木拉（"安拉最忠实的奴隶"），艾比布拉（"安拉的朋友"）等名字。另外，还有如下几种方式：

（1）以安拉的美名起名。如：哈力克（"创造者"）、俄甫尔（"宽恕者"）、哈德尔（"神圣者"）。

（2）起仙女的名字。如：米卡伊丽、伊斯热皮乐等。

（3）起先知的名较为普遍。如：男孩名有达吾提、木萨、牙库甫等；女孩名有玛丽娅姆、帕提曼、阿瓦等。

随着时代的变迁，维吾尔的姓氏源发生了很多变化，如：

（1）以父姓为名。现代维吾尔族一般都采用父名的姓。如：铁木尔·达瓦买提、司马义·艾买提等。这里铁木尔、司马义是本名，而达瓦买提、艾买提等则是父名。

（2）以地名、籍贯为名来区别同名。如："库恰勒克"指某某是库车人，其地名在一个家族几代人名之后使用，表示后人不忘祖辈的籍贯，也起到了姓的作用。

（3）以祖辈中有名望之人的名为姓。如：闻名于天山南北的商人奥布尔·玉山阿吉，这里"玉山"就是其先辈的人名。

（4）以手艺、职业为姓。如：铁木尔奇（铁匠）。

解放后，随着时代的发展和社会的变革，维吾尔人的名字也开始发生新的变化。例如：阿扎提（"解放"）、艾尔肯（"自由"）、阿依古丽（"月亮之花"）、莫旦汗（"牡丹花"）、阿娜儿古丽（"石榴花"）。以某种象征寓意或希望涵义的词语为名的现象增多，如有以光明、芳香为名的，努尔或努尔汗，意"光明，光芒"；以崇尚的道德、伦理为名的，如排孜来提，意"情操、品德"，阿地里，意"正义、公道"；以祈求安康为名的，如阿曼、阿曼古丽、沙拉买提，分别是"平安、平安花、健康"之意。

穆斯林男子的成年礼——割礼

割礼，维吾尔语为"逊奈提"或"海提那"。将割礼仪式称为"逊奈提托仪""海提那托仪"，是维吾尔族男性一生中比较重要的一件大事，民间素有称割礼为"小结婚"的说法。追溯起来，割礼原为阿拉伯半岛盛行的一种习俗，后被伊斯兰教所接收，成为穆斯林必须仿效的"圣行"。随着伊斯兰教的传入，割礼的习俗便被新疆维吾尔等民族的穆斯林沿袭下来，成为传统礼仪。

按照习俗规定，实施割礼的男孩的年龄一般在5—7岁间，但按照伊斯兰教法的要求，应该在男童满12周岁之前进行。在维吾尔族男性的人生礼仪体系中，割礼是继诞生礼、命名礼、摇床礼之后的第四个礼仪，也是由男童向男人、由不承担任何家庭或社会责任和义务向承担相应的家庭或社会义务和责任过渡的最重要的仪式。有些地方民间还有"单岁割礼，父亲积德；双岁割礼，母亲积德"的说法。同时，割礼要请阿訇念经祈福，举行庆祝活动。

所谓割礼就是割去男孩生殖器上多余的包皮，医学上叫做"包皮环切术"。为了伤口愈合得快，多在春秋季节进行。现在为了不耽误孩子的学业，不少家庭选择在假期为孩子进行割礼。

对维吾尔社会来说，"割礼"是一件十分重大的礼仪，同时又是一个全社会的喜庆活动，所以割礼仪式非常隆重。这天人们在屋顶上敲起纳格拉鼓，吹起唢呐，像过节一样热闹，亲朋好友、乡邻带着礼物前来祝贺。

割礼前，男孩的父母要给他准备新衣服、新被褥、新枕头等。有些地方在举行割礼仪式前一天，受割礼的孩子穿上漂亮的新衣服，在村里同龄小孩的陪同下，骑着马走亲串友，痛痛快快地玩一天，并通知他们参加割礼仪式。亲朋好友要送衣服、衣料、腰巾等礼物给男孩，并给骑来的马上挂满了各色布条，等孩子转一天回来，男孩子骑的马上就挂满了各种颜色的布条。与此同时，孩子的父母要约请少数宗教人士、行割礼术者、亲朋好友和街坊邻居，把他们领到家里，宣布实施"割礼"这一喜事。正式进行割礼时，为数不多的亲朋好友、宗教人士、村里德高望重者、街坊邻里（均为男性）被邀请参加，见证这一重大仪式。

在许多地方施行割礼时，专门施行割礼术的长者把锋利的"吾斯吐尔"（折叠式小钢刀）藏在袖内，不被受割礼的男孩发现。开始，长者佯装若无其事地给小孩讲故事，或是用其他方法分散他的注意力，用手摩挲男孩生殖器的包皮，乘男孩不备，一声"奉至仁至慈的真主之名"，迅速敏捷地用竹板夹住其生殖器的包皮并割掉。手术前后仅用一分多钟，等男孩子感觉疼痛准备哭喊时，连忙把剥好皮的鸡蛋塞进男孩的嘴里，堵住孩子的哭声。等孩子吃完鸡蛋，剧痛早已过去。割礼后，男孩卧床休息几天，受到特殊的照顾。在实施手术的过程中，不得有闲人旁观，尤其不允许其母亲在场。阿訇在另一间屋里诵经和祈祷。如今农村牧区仍然保持着这个习俗。

在传统的维吾尔社会中，"割礼"对实施"割礼"的孩童及其家庭成员来说十分重要，对父辈，尤其是父亲来说，首先这是尽为人之父的义务；其次，作为一个重要的社会传统，是必须履行的一个仪式；再者，对孩童本身来说，他已由原来的男童成为了男人，开始承担社会责任和义务。

近一二十年来，城市维吾尔族人的割礼在传统的基础上有了一些变化。现在大多数家庭请医生给孩子施行割礼术，割礼仪式也常在割

礼手术以后举行。

穆斯林家庭的组建——婚礼

结婚是每个民族社会的重要活动，对维吾尔族也是同样。不过，由于维吾尔族历史上曾先后信仰过原始宗教、萨满教、伊斯兰教，他们的婚礼过程中增添了很多宗教文化要素，形成了别具民族特色的婚礼文化。

婚嫁是穆斯林的重要责任

伊斯兰教规定结婚是每位成年穆斯林应尽的义务，并严格规定穆斯林男女的婚嫁必须以信奉伊斯兰教为前提。这充分说明伊斯兰教为了维护宗教的纯洁性，对于传承宗教方式之一的家庭组成的严格要求。对于一个传统的穆斯林家庭，信仰伊斯兰教是组成家庭的基础，一个虔诚的穆斯林家庭承担着世俗的与宗教的双重职责，即它不仅承担着生活和社会道德的责任，而且承担着参与和履行伊斯兰教宗教义务的责任和传承伊斯兰教的职责。不过，在现实生活中，也有穆斯林家庭的

喀什民族婚礼

子女与外族通婚的情况，但是要经过一个入教的仪式。

婚礼上的宗教色彩

在婚礼仪式上，宗教色彩比较浓郁。首先，婚礼上的第一批客人就是本村的加玛艾特，他们在村民的各种庆典仪式和人生各种仪式上永远都是最贵的客人，他们在清真寺做完晨礼后直接去参加婚礼。加玛艾特是信教群众以清真寺为中心，由伊玛目、买僧及部分有威望的村民组成，在日常宗教活动中围绕伊玛目形成的一个不固定的宗教团体，它是维吾尔社会中伊斯兰教的载体与代表，是一个群体概念，它没有严密的组织形式，结构非常松散。在维吾尔社会中只要有一座清真寺，清真寺有伊玛目，并有一定数量的信教群众去礼拜，就会围绕清真寺形成一个加玛艾特。加玛艾特常以集体的形式参加在节日、婚丧嫁娶等诸活动中的宗教仪式，他们在村民中享有较高的威望。

念尼卡。"尼卡"原本是一种源于阿拉伯民族的结婚仪式。随着伊斯兰教的传播，阿拉伯民族这种证婚仪式被赋予了宗教色彩，维吾尔人在接受伊斯兰教的同时，也接受了"尼卡"证婚仪式。所谓"尼卡"，即宗教上所履行的证婚仪式，实际上它是一段赞颂安拉的祈祷词，以表示婚姻是经安拉允许的。根据伊斯兰教习俗，只有经过"尼卡"仪式的婚姻，才是道德的。未经"尼卡"仪式而结合的婚姻，被认为是不道德的，而且不被人们所承认，所生子女被看作是私生子，倍受社会歧视。新中国成立前，维吾尔族一直以"尼卡"形式完婚，它既具有宗教的证婚效力，又具有宗教教法约束作用。随着我国《婚姻法》的颁布实施，倡导合法婚姻的观念已深入农村维吾尔人心中。农民愿意进行婚姻登记，因为这样才有法律保障，尤其是维吾尔妇女深切体会到婚姻登记对她们权利的维护和保障。现在不论是在人们的观念里，还是在实际生活中，早已确认国家法律在婚姻过程中的决定性地位。但依照民间习俗，在履行法律结婚手续后维吾尔族仍保留着传统的"尼

新疆喀什泽普县维吾尔族农家的婚礼上，新郎用毛驴车迎娶新娘，当地仍保留着毛驴车迎亲的婚俗。

卡"证婚仪式的内容，与以前不同的是，阿訇在拿到男女双方的结婚证书后才举行"尼卡"仪式，如未领结婚证书，"尼卡"仪式就不能举行。如今，"尼卡"证婚已逐渐演化成维吾尔人的一种传统的民俗文化仪式。

婚礼当天，男方娶亲时一定要带上本村的阿訇或有崇高威望的宗教人士，进行念尼卡。做尼卡的阿訇首先背读阿拉伯语的"尼卡"，然后给旁边房子里待着的新娘（避免被男人看见）问三次"你同意跟新郎某某某结婚吗？"她同意的话，再问新郎。新郎也同意的话，阿訇就宣布成婚。

原始宗教的印记

念尼卡结束，男女双方同意结婚后，双方抢着吃浸泡过盐水的两块馕。这是因为，盐崇拜是维吾尔人先民自然崇拜的表现之一。维吾尔人至今把盐视为圣物，加以崇拜，表示敬畏，求其护佑。认为盐在生活中不可缺少，深信盐具有一种超自然的，与人们的命运息息相关的神力。人们发誓时也常说："以盐为证"等等。维吾尔人还认为盐和馕是人生的第一需要，人们的生活离不开盐，无盐的饭菜无滋无味。而馕易贮藏，便于携带，也是维吾尔人生活中不可缺少的食品，将这两种东西放在一起食用，预示着新郎与新娘如盐和馕一样，永不分离，在未来的生活中他们就像拥有盐和馕一样，永远团圆、幸福。民间还有说法，新郎新娘谁先把馕块抢到嘴里吃掉，在婚后的家庭中谁的话就有权威性，就会在家庭中处于显要的地位。

另外，尼卡结束后，在新娘头上方要撑开一个方巾，然后往方巾上撒大米，撒完后，方巾上的大米要拿到田里喂鸟，这是维吾尔先民鸟崇拜的遗存。

新娘接到男方家，进门时新娘要跳火盆驱鬼避邪，这也是维吾尔先民萨满信仰在当今的遗存。

穆斯林的葬礼

维吾尔先民曾实行过火葬，信仰伊斯兰教后，葬礼仪式皆按照伊斯兰教的礼仪进行，盛行土葬。按照伊斯兰教法规定，子女对父母要厚养薄葬，父母在世时，子女要赡养他们安度晚年，父母去世，不允许任何物质陪葬，做到来去无牵挂。维吾尔人认为在星期五（主麻日）、肉孜节、古尔邦节时去世是死者的幸福。许多民族都有"落叶归根"的习俗，而维吾尔族却更为讲究这一点，他们愿意在自己家里静静地死去。如患重病治疗无望时，他们便回到家里，而不愿意死在病房。有人突然在外地去世，家属也要千方百计把尸体运回家乡埋葬。

伊斯兰教的丧葬原则

伊斯兰教非常注重慎终，主要表现在三个方面：

（1）临终时，其子女、朋友在身旁要不停地悼念经文，使亡者终于伊斯兰之道。

（2）身边的子女亲属对在临终之人的耳朵旁提念清真言，使其领悟并最好能在咽气之前诵念："万物非主，唯有真主！"

（3）咽气后周围应保持肃静，决不可高声喧语和号哭呼叫，以避免扰乱亡者之心。

伊斯兰教的丧葬讲究土葬、速葬、简葬。土葬就是把尸体直接埋入土中，没有任何陪葬品，其意为人源于土，还于土，它是伊斯兰教丧葬礼仪的显著特征。速葬是指按伊斯兰教要求人死之后三日内就要入土，一般情况下，遗体在家停放时间不长，早亡晚埋，晚亡午葬，若其子女在外，等一两天也可以，但最多不超过3天。简葬就是人死后，净身，用白布包裹埋葬，不陪葬任何

麻扎周围树上的饰物

物品。

维吾尔人的葬礼

维吾尔人的葬礼是一项庄重而又严肃的礼仪，葬礼仪式按伊斯兰教的礼仪进行，主要包括净尸、殡礼、安葬、祈祷等四个环节。传统的葬礼还有哭丧戴孝和过七的习俗。

殡礼是亲朋好友等代亡人向胡达祈祷的集体礼拜，是感念真主使其脱俗反真之恩，并代亡人祈求真主赦免罪过，赏赐亡人进入天园的仪式。仪式在清真寺由伊玛目主持，殡礼与其它礼拜不同之处在于：殡礼中以四赞代替颂、躬、叩、跪，四赞为四大赞"真主至大"。

下葬完后，亲人还要留下来给亡人念经，要诵读《古兰经》。为去世的人做祈祷，替他向安拉求饶，祈求安拉宽恕他的罪过，在天园永享幸福。

乃孜尔

乃孜尔是"祭事"的意思，是对去世的人表示缅怀和哀悼的主要活动。葬礼结束后，要在人过世后的第3天、第7天、第40天和周年举行"乃孜尔"。在吐鲁番地区还要举行5天、100天乃孜尔，和田举行20天乃孜尔。

第3日的乃孜尔，一般在过世者葬后第3天举行，过世者家里用抓饭或黏饭、油饼招待客人。主要是为了答谢净尸者而举行的小型乃孜尔，参加的人主要为净尸者和清真寺的伊玛目、买僧及少量的亲友邻居。

第7日的乃孜尔，一般在过世者葬后第7天举行，是各种乃孜尔中规模最大，最为隆重的乃孜尔。这一天要发请柬邀请亲朋好友、邻里同事等参加，丧家要设宴招待客人，参加乃孜尔的人不能穿鲜艳的衣服，男性一般头戴帽子，女性要戴头巾。参加乃孜尔的女客要带馕、布等礼物。男客用晚餐后要念经为过逝者祝福。

第 40 天的乃孜尔，葬礼后 40 天举行，视情况也可提前。宴请客人的方法同其他乃孜尔。40 天乃孜尔后，过逝者家属就可以除孝。

周年，去世 1 周年纪念日，方法同 40 天乃孜尔。

每逢肉孜节和古尔邦节会礼后，男性穆斯林要去亲人麻扎悼念。一般都会带树枝，插在坟头上。

古老的宗教名胜

在漫长的历史长河中，宗教作为一种文化深深地烙在古代新疆这个广袤而美丽的土地上，并凝聚人类的智慧建造了一系列宗教建筑与古迹名胜，至今仍然展示着它们的飒爽英姿和魅力风采，让人神往和留恋，给人以无限的回忆与思索。这些分属不同宗教的建筑、名胜，是宝贵的文化遗产，它们风格各异、多姿多彩，如镶嵌在丝路古道、戈壁绿洲上一颗颗璀璨的珍珠，展现着中华西域文明之光。

新中国成立以来，各级人民政府十分重视宗教文化遗产的保护，许多宗教建筑和宗教名胜被确定为国家级、省级、地级或县级重点文物保护单位，受到了重点保护和特殊关照，新疆的宗教文化遗产也获得了新生。新疆地区先后有 113 处文物古迹被列为全国重点文物保护单位。在新疆各级重点文物保护单位中，宗教建筑与名胜都占有很大比例。

新疆维吾尔自治区人民政府十分重视文物保护工作，为加强对文物的管理和保护，各地都建立了文物保护机构。近年来，凡被列为各级重点文物保护单位的文物古迹，或得到了修缮，或予以重建，均得到了有史以来最好的保护。

新疆的宗教建筑与名胜，按宗教划分，主要有两大类：一类是佛教的石窟和寺庙遗址，一类是伊斯兰教的清真寺和麻扎。

闻名世界的佛教石窟和寺庙

佛寺遗址

佛教是新疆流布世间最长的宗教，在其鼎盛时期，佛教的寺院星罗棋布，遍布天山南北，许多寺院建筑规模宏大，装饰华丽。据法显在《佛国记》中的记载，他在和田所住的瞿摩帝寺，仅僧侣就有 3000 人。另一座名为"王新寺"的寺院规模更大，历三代和田王耗时 80 年才建成。像这样的大寺，当时和田就有十几座。遗憾的是，这些佛教的寺院在伊斯兰教与佛教的宗教战争中几乎都被夷为平地。现在仅存的一些佛寺遗址，有著名的库车苏巴什佛寺遗址和吉木萨尔北庭西大寺。

新疆最大的佛寺遗址——苏巴什佛寺遗址

苏巴什，维吾尔语意为"水头"或"龙口"。苏巴什佛寺遗址又称"昭怙厘佛寺""雀犁寺遗址"，位于库车县城东北20公里处的铜厂河两岸，是一处南北朝时期至唐朝时期（公元4—10世纪）的佛寺遗址。

佛寺建于魏晋时期，被誉为中国古代三大佛经翻译家之一的龟兹高僧鸠摩罗什曾在此讲经。该寺在隋唐时兴盛至极，唐玄奘也曾在此逗留两个多月，在《大唐西域记》中有过记载，当时的人们都叫它"昭怙厘"。公元658年唐安西都护府移设龟兹后，内地高僧云集，该寺佛事兴隆。9世纪后渐趋衰落，13世纪至14世纪被遗弃。

苏巴什佛寺遗址是新疆地区迄今发现的最大的佛寺遗址，现墙体大部分存在，佛寺遗址分为东西两部分，总面积约18万平方米。东

苏巴什佛寺遗址，古代龟兹地区的佛教文化中心，是龟兹佛教文化的历史见证，对研究西域历史、宗教、文化、艺术以及东西交通史、中亚文明史都具有十分重要的意义。

寺有佛殿、佛塔、佛像，西寺佛殿规模宏大。方形土塔保存完好，北部有 17 个禅窟，造型奇特，禅窟内残存部分壁画和石刻古龟兹文字。

遗址以佛塔建筑群为中心，发现有庙宇、僧舍、洞窟、佛塔、殿堂等遗迹。出土有铜器、铁器、陶器、木器，以及壁画、泥塑佛像等遗物。此外，还发现了写有古吐火罗文字的木简及残纸。

苏巴什佛寺遗址的发现，为研究当时龟兹地区的佛教艺术与文化，提供了重要的实物资料。

天山以北仅存的一座佛教遗址——北庭故城西大寺遗址

著名的北庭西大寺是全国重点文物保护单位——北庭故城（今昌吉回族自治州吉木萨尔县）的附属建筑之一，因其坐落故城之西，故名西大寺，是我国唐、宋、元时期的一座佛寺遗址。因遗址壁画中存有"亦都护（高昌国王）""长史""公主"之像，是高昌回鹘的王室寺院，又称高昌回鹘佛寺。

说到西大寺就不得不说北庭故城，东汉时期，西域戊己校尉耿恭

北庭西大寺

率军驻扎在奇台一带，以抗击匈奴，维护丝绸之路的安全。据考证，耿恭抗击匈奴的疏勒城就是今天被考古学家所称的北庭故城。北庭故城自唐代设立庭州、北庭都护府、北庭节度使以来，逐渐成为北疆地区的军事、政治和文化中心。大诗人岑参当年在庭州也生活过一段时间，写过很多描写庭州的诗篇。回鹘西迁之后，北庭又被称为别失八里，是高昌回鹘的重要基地和避暑胜地。回鹘人在城西修建了一座大型佛寺，即俗称的"西大寺"。当夏季来临时，在高昌的回鹘王族们就骑马翻越交河以北的天山隘口冰达坂，到北庭城中避暑。元朝时，在北庭故址上设"宣慰司""元帅府"等重要机构，以控制天山以北地区。北庭城仍然是北疆重镇，直到明朝初年荒废为止，是北疆地区现存最大的故城遗址。

据史记载，最早发现北庭故城的人是清朝的纪晓岚。当时纪晓岚被贬戍新疆迪化府（即今天的乌鲁木齐），1771年，爱好游历的纪大学士奉旨寻找一块地方供军队驻扎，当他在别失八里（今吉木萨尔县）巡查时，意外发现了这座历史故城。

西大寺位于北庭都护府遗址之西1公里处，西临西河坝，东有水池。佛寺残迹平面呈长方形，南北长约70.5米，东西宽约43.8米，地面以上全部用土坯砌筑，地面以下为夯土台基，整个建筑分南北两个部分，南面为残高0.2—0.4米的庭院、配殿、僧房、库房等建筑群；北面为正殿，其四周筑洞窟，两部分衔接成一整体。目前东面有洞窟残迹，窟内残留有高昌回鹘时期的壁画。

现殿窟内残存有佛、菩萨、罗汉、天王等塑像，壁画内容主要为千佛、菩萨、护法、经变故事，也有回鹘文、汉文题记等。总之，西大寺无论在题材、构图和人物形象上都很有个性，自成一体，它是我国佛教文化宝库中一枝难得的奇葩，是丝绸之路北道上一颗不可再造的明珠。

佛教石窟

石窟寺,是佛教寺院的一种,俗称"千佛洞"。由于石窟寺多开凿于远离城乡的河畔山崖上,因此虽然也遭到风雨侵蚀和人为破坏,但大多数仍然保存了下来。新疆是中国石窟开凿最早和保存石窟最多的地区,其中以龟兹和高昌两地的现存石窟最为集中。龟兹石窟以克孜尔石窟、库木吐拉石窟为代表,高昌石窟以柏孜克里克和吐峪沟为代表。在喀什、和田、阿克苏等地区的许多地方,也残存一些洞窟遗迹。

新疆石窟艺术融汇了当时印度、中国、希腊和波斯等风格的绘画与雕塑艺术,同时又具有鲜明的地域和民族特色。新疆的石窟寺不仅是弥足珍贵的文化资源,也是极其丰富的旅游资源,吸引着成千上万的国内外宗教信徒、探险家和游客前来观赏。

中国开凿最早的石窟寺——克孜尔石窟

克孜尔是维吾尔语的音译,是"红色"的意思。克孜尔石窟,又称赫色尔石窟或克孜尔千佛洞,是中国开凿最早、新疆地区现存石窟中规模最大、保存最好的大型石窟寺群,也是中国四大石窟之一。它位于拜城盆地南端、雀儿塔格山北麓的木扎特河东岸断崖之上,绵延3公里多,是全国重点文物保护单位。

龟兹古国地处古丝绸之路的交通要冲,曾经是西域政治、经济和文化的中心,拜城县属于龟兹古国的疆域范围,历代龟兹王对这项工作都极为重视。公元7世纪,龟兹王国的佛教达到极盛,甚至连龟兹王宫都装饰得如同寺庙一般。历代龟兹国王对克孜尔千佛洞石窟群的建造,从来都没有停止过。克孜尔石窟是龟兹石窟艺术的发祥地之一,其石窟建筑艺术、雕塑艺术和壁画艺术,在中亚和中东佛教艺术中占有极其重要的地位。

克孜尔石窟的建筑和壁画虽然破坏严重,但仍有80余窟、约1万平方米的壁画被保存下来。以中期洞窟为代表的所谓"龟兹佛教"

克孜尔石窟

独领风骚，它在建筑上以中心柱式为特征，而在壁画布局上则流行菱形格式。龟兹的佛教艺术家们有自己特有的风格，他们都很有个性，在艺术上也很成熟，曾经影响到敦煌莫高窟，被人们称为"龟兹风"，这是龟兹的黄金时期，之后它就开始衰落了。反映佛教经典的本生故事画，是克孜尔千佛洞的精华，堪称世界一绝。它不仅艺术水平高，独树一帜，而且数量也最多，在全世界实属罕见。难怪曾有专家感慨，这在世界上是仅次于敦煌壁画的艺术宝库，堪称"中国第二敦煌"。从绘画风格可以看出，克孜尔石窟壁画吸收了希腊、罗马、波斯、印度和中原文化的艺术元素，是研究中西文化交流的珍贵的形象资料。

　　龟兹石窟是一部古龟兹文化的百科全书，而在龟兹石窟群中，克孜尔石窟被视为群芳之冠。它的特殊窟形、壁画题材和艺术风格，深

刻地反映了龟兹佛教的情况，代表了龟兹文化的艺术水准，是游览和研究佛教文化艺术的重要场所。

克孜尔石窟附近一条幽深山坳中，还有一处名为"千泪泉"的名胜。在这儿，流传着一个有关克孜尔石窟的爱情故事：很久以前，龟兹国王有一个独生女儿，公主年轻美貌，聪慧善良，被国王视为掌上明珠。有一年夏天，公主进山打猎，遇见了一位英俊勇武的小伙子，两人一见钟情，倾心相爱。青年向国王求亲，国王提出苛刻的条件刁难他，要他三年之内在山里凿出一千个洞窟。青年回到家乡，便在荒山沟的悬崖峭壁上日夜不停地开山凿洞。当他凿了九百九十九个洞窟时，不幸积劳成疾，累死山中。消息传到公主耳旁，她痛不欲生，立即赶到青年身边，抱尸大哭，最后化成了一块滴水的岩石。这就是现在克孜尔的一处胜景——滴泉，也叫"千泪泉"。这股长年滴不尽的泉水，给茫茫戈壁滩带来了生命与活力，它浇灌着山谷间众多良田，也为附近的石窟增添了一片春色。

1961 年，克孜尔石窟被列为全国首批重点文物保护单位，并投入大量资金进行维修和保护。近年来，一些国际友人也慷慨捐资，以加强对石窟的维修和保护。现在克孜尔石窟正以崭新的面貌迎接着无数的国内外学者和游客。

回鹘佛教文化的艺术宝库——柏孜克里克石窟

柏孜克里克系维吾尔语，意思是"美丽的有装饰的地方"。柏孜克里克石窟寺本名"崇福寺"，始建于 555 年，是麹氏家族的王家寺庙，亦是麹氏高昌用以维系与突厥的"交好"关系、实现"永固邦疆"愿望的纪念性宗教建筑。因地处宁戎谷，又有"宁戎窟寺"等俗称。唐玄奘西行取经路过高昌时，这里的佛教状况令他吃惊不已。

柏孜克里克千佛洞位于吐鲁番市东北约 50 公里的火焰山下，木头沟西岸的悬崖上。凿有洞窟 83 个，现存 57 个。其中有壁画的 40 多个，总面积 1200 平方米，是吐鲁番现存石窟中洞窟最多、壁画内容最丰富的石窟群，散布在河谷西岸约一公里范围内的断崖上，是新疆地区较大的佛教石窟寺遗址之一。同时它也是一处著名的摩尼教寺院遗迹。1982 年被列为全国重点文物保护单位。

柏孜克里克千佛洞，始凿于南北朝后期，在历经唐、五代、宋、元长达 7 个世纪的漫长岁月里，这里一直是高昌地区的佛教中心。回鹘高昌是石窟群最繁华的时期，是研究回鹘文化艺术的宝库。13 世纪末，伊斯兰教传入吐鲁番地区后，佛教渐衰，柏孜克里克千佛洞随之趋于衰败。20 世纪初前后，千佛洞屡遭外国人的劫掠破坏，至今

柏孜克里克千佛洞

伤痕斑斑，几乎成了空洞。

千佛洞壁画大致分为三个时期：鞠氏高昌时期、唐西州时期、回鹘高昌王国时期。回鹘高昌王国时期的壁画内容最为丰富，多为大型佛本行经变图，供养像绘于窟门两侧，以回鹘人最多，晚期窟内出现了蒙古服饰的供养人。洞窟内保留了诸多不同民族的形象、服饰、文字题记，证明千佛洞在发展过程中不断地吸收东西文化的精髓，同时保持了鲜明的民族传统文化，对研究东西方文化的交融和汇集有极其重要的价值。

柏孜克里克石窟有几个突出特点：一是建筑独特，一些洞窟是开窟后再用土坯砌建，此种形制为中国石窟寺建筑中所独见。回鹘高昌以后，这种洞窟建筑艺术达到了很高的水平。部分木构建筑反映了高昌地区对中原建筑技术的借鉴、当地文化与龟兹文化的融合，是了解古代回鹘社会、文化、艺术等方面的重要窗口。其中穹窿顶带回廊式洞窟形制是目前新疆境内保存最完整的；二是壁画中有大量回鹘供养人形象；三是有不少摩尼教的洞窟和壁画，这也是中国唯一一处同时有两种宗教的洞窟和壁画的石窟寺群。回鹘人原以摩尼教为国教，迁居吐鲁番后逐渐改信佛教。柏孜克里克中后期的石窟和壁画，显然是回鹘佛教徒的杰作。柏孜克里克千佛洞是研究新疆宗教与文化，特别是回鹘历史、文化与宗教的宝贵形象资料。

现存的石窟大部分是9世纪中叶回鹘高昌国王的王家贵族寺院。回鹘高昌早期壁画构图严谨，线条、色彩富丽堂皇，人物造型丰满，是莫高窟唐代画风的延续。虽然洞窟壁画遭到了严重破坏，但举世仍公认这里是回鹘佛教艺术中最为重要、且保存最好和最有代表性的一处艺术宝库。在众多回鹘国王、王后、侍者和僧尼等供奉人像壁画中，保存了汉文、回鹘文、吐火罗文等题记，它是研究西域历史、文化、艺术的宝贵材料。

历史悠久的清真寺和麻扎

伊斯兰教的宗教建筑与名胜，主要分为两大类：伊斯兰教的清真寺与麻扎。

清真寺

清真寺是伊斯兰教的宗教活动场所，也是伊斯兰教文化与知识传播的中心。所以，穆斯林特别重视清真寺的建筑，清真寺往往成为一方建筑的代表。清真寺伴随着伊斯兰教传入新疆而出现，最早的一座清真寺是9世纪末到10世纪初建造于阿图什的"阿图什大清真寺"。

乌鲁木齐青海大寺（伊斯兰教）

121

库车大寺

早期清真寺都是土木结构，由于自然力的破坏，很少能保存下来。现存清真寺中历史最久的是建造于 15 世纪的喀什艾提尕尔清真寺。目前，新疆的清真寺有 2 万多座，著名的有：喀什艾提尕尔清真寺、乌鲁木齐陕西大寺、伊宁陕西大寺、吐鲁番额敏塔清真寺、莎车加曼清真寺、哈密回城艾提尕尔清真寺、库车县库车大寺等等。新疆清真寺的形制和风格多样，大型清真寺多为阿拉伯风格与民族风格相融合的穹窿式建筑；一般清真寺则与普通民房无别。喀什的艾提尕尔清真寺是民族风格与阿拉伯风格相结合的清真寺的代表，乌鲁木齐的陕西大寺，则是中国宫殿式清真寺的代表。

喀什艾提尕尔大清真寺

耸立在喀什市解放路上的艾提尕尔大清真寺，是维吾尔族建筑匠师的杰作。"艾提尕"是传入维吾尔族的阿拉伯语和波斯语的复合词。"艾提"为阿拉伯语"尔德"（节日）的变音；"尕"波斯语意为"广场""位置"，两者合在一起，便成了"艾提尕"，即"节日场所"之意。

　　整个清真寺是由礼拜堂、教经堂、门楼和其他一些附属建筑物组成的建筑群。总面积约 16800 平方米。寺的大门呈浅蓝色，门上方写着阿拉伯文的《古兰经》经文，周围衬托着维吾尔族艺术风格的装饰图案。大门楼高 12 米，两边各有一个 18 米高的红砖尖塔，塔顶各有一个召唤楼，楼顶立着一弯象征伊斯兰教的新月。门楼后面是一个大拱北孜（伊斯兰教圣徒墓），顶端也是一弯新月。寺院庭院内有花木和水池，顺着砖铺的小径往前，就到了礼拜堂。158 根立柱排列成方格状，托着宽大的廊檐，给人以庄严肃穆的感觉。每一根立柱都经过了工匠的精雕细琢，布满了精美复杂的凸型装饰花纹。这座礼拜堂面

喀什艾提尕尔清真寺

喀什艾提尕尔清真寺内景

积 2600 平方米，可同时供 4000 人礼拜。

艾提尕大清真寺历史悠久，这里原是一片长满了芦苇和胡杨的戈壁荒漠。公元 715 年，经帕尔甘来新疆传教的阿拉伯人去世后，被埋葬于此。从此，这里成为人们崇敬的地方。宫廷人员去世后，纷纷建坟于此。约在五百年前去世的喀什君主沙克色致·米尔扎也埋葬在这里。他的后裔于公元 1442 年，专门在此修建了一座小清真寺。一个世纪后，即十六世纪初叶，察合台后裔莎本王赛义德汗之弟米尔扎·艾则孜外里苏丹去世后，也被埋葬于此。那时，此地被称为帕卡勒切格麻扎。公元 1537 年，喀什统治者乌布勒哈德·米尔扎阿尔拜克尔之子将其叔父埋葬在此，并将只能作五番礼拜的原来那座小清真寺改建为能作主麻聚礼的大清真寺。

18 世纪后期，一位名叫古丽热拉的妇女去巴基斯坦，途经喀什时病故，留下了大笔钱财。人们用这笔钱财兴建了一座清真寺，这座清真寺，便是艾提尕清真寺的前身。艾提尕初建时，规模甚小，周围全是坟墓。1786年，喀什英吉沙县一位名叫祖勒皮亚尔的女布维，把自己纺织的棉线卖掉，筹集路费，由帕米尔去朝觐。在抵达波斯时，适逢波斯发生战事，无法通过，遂返回喀什。她把朝觐的路费捐赠给清真寺，以扩建艾提尕。此后又几经修建，今天我们看到的，便是1872年修建后的基本规模。

解放后，艾提尕清真寺迎来了春天，它多次得到维修。1955年新疆维吾尔自治区成立之际，国家拨出专款进行大修。1980年和1981年，清真寺又两次得到了全面维修。

艾提尕这座具有伊斯兰教代表性的新疆古代建筑引起了中外宾客，特别是伊斯兰国家穆斯林的浓厚兴趣。从各地来到喀什的人，均为能参观艾提尕尔或能在艾提尕尔作礼拜而感到骄傲。喀什市的人民也把参观艾提尕尔、在此作礼拜视为重要的生活内容。所以艾提尕尔大清真寺不仅在新疆，甚至在中亚和国际上都享有极高的声誉。

新疆最大的回族清真寺

新疆地区最大、具有悠久历史和广泛影响的回族清真古寺，位于乌鲁木齐市天山区，始建于清朝乾隆年间（1736—1795年），光绪32年（1906年）由陕西籍回民捐资重建，故名"陕西大寺"。现在的规模和样式就是这次重建后确定的。从建筑艺术的角度来看，陕西大寺堪称是中国古典建筑艺术与伊斯兰文化相融合的典范。寺院座西向东，大门东开，月台广场居中，东、南、北均有厅堂。广场正面为二进式礼拜大殿，高十余米，大殿内顶部采用中国古代传统的木质结构，用三角形支架，木架全饰以彩绘，底部与红原木支柱相接，使整个大殿浑然一体，于古朴中彰显华丽。屋顶镶有绿色琉璃瓦，周围走廊有36根红圆木支柱。大殿建筑样式颇似中国古代宫殿，前部为单檐歇山式长方形，飞檐兽脊，雕梁画栋。大殿后部为上八下四的重檐式八

乌鲁木齐市陕西大寺

角亭，檐牙起伏，颇为精巧。殿内四壁和门窗的装饰，刻工精美，砖雕木刻均采用花卉、瓜果为图案，既严格遵循不使用偶像和动物纹饰的伊斯兰教教义，又保持了中国古代传统木结构的建筑风格，是中国宫殿式清真寺的代表。由于陕西大寺融合了民族文化的建筑精华，被列为新疆维吾尔自治区级文物保护单位。

关于陕西大寺的来历，中间有很多故事。

根据资料记载，1764 年陕西籍回族在乌鲁木齐南门城墙边兴建了最早的一座清真寺，俗称陕西老坊寺。该寺标志着回族在乌鲁木齐兴修清真寺历史的开始。19 世纪中期以后，陕西老坊寺先后分出陕西寺、凤翔寺、邠州寺。

陕西寺建寺伊始先后有两位阿訇掌教。1883 年首任教长为马金贵阿訇，祖籍陕西。马金贵少年时赴甘肃平凉求学，师从经学大师。马金贵 28 岁时开始在包头、西安、平凉、哈密和乌鲁木齐等著名清真大寺开学任教。1883—1896 年马金贵在乌鲁木齐陕西寺开学，培养了一大批优秀弟子，为新疆早期伊斯兰经堂教育的发展作出了贡献。第二任教长马宝学阿訇，祖籍为陕西咸阳人，年轻时聪慧好学，在该寺任教长期间，治学严谨、以身作则、引领教民恪守五功，深受广大坊民的爱戴。

1902 年经陕西寺社首及广大坊民合议，拆除了旧寺，众坊民一致推举马良骏阿訇继任新教长，在原寺地址上重建一座大寺的重任落在他的肩上。马良俊阿訇上任后四处奔波，多方求援，远赴陕西关中一带募捐，当地官府、商人和教民伸出援手相助，为建寺筹集了必要的资金。本寺坊民也慷慨解囊、踊跃捐助。1902 年重建寺院的大殿破土动工，历时 5 年，最终于 1906 年竣工完成，并正式更名为陕西

伊宁陕西大寺

大寺。新寺可容纳教民五百余人礼拜，每逢聚礼和盛大节日，来寺礼拜的教民多达千人以上。现今，陕西大寺已成为乌鲁木齐市十大游览景区之一。

额敏塔

在吐鲁番市东南3公里处的一开阔的台地上，矗立着一座高大的塔式建筑，它就是闻名遐迩的额敏塔。额敏塔实际上是一座伊斯兰教清真寺建筑，由于该寺的唤礼塔特别高大而且建筑风格独特，所以这座清真寺遂以塔闻名。据说，这座塔是清代维吾尔族建筑大师依布拉音等人设计建造的，是新疆境内伊斯兰建筑中现存规模最大的塔，主要使用青灰色条砖砌成，造型别致，美观大方，其精湛的建筑艺术是维吾尔族人民辛勤劳动和智慧的结晶。

额敏塔是18世纪中叶吐鲁番郡王额敏和卓为"答报天恩"而建造的。关于建塔的原委，在塔入口处的石碑上有清楚的说明。碑文用汉、维两种文字分别镌刻在碑身两侧。汉文碑记为："大清乾隆皇帝旧仆

吐鲁番苏公塔

吐鲁番郡王额敏和卓，率子扎萨克公苏莱曼等。念额敏和卓自受命以来，寿享八旬三岁。上天福庇，并无纤息灾难，保佑群生，因此报答天恩，虔修塔一座，费银七千两整。爰立碑记，以垂永远，可为名教，恭报天恩于万一矣。乾隆四十年端月瑾立。"维文碑记的内容主要是赞美安拉，褒扬苏莱曼的，与汉文时间和内容都不相同，可能是后人补刻的。从汉文碑记可以看出，自称"大清乾隆皇帝旧仆"的额敏和卓，在感赞上天福庇的同时，也表达了效忠清朝乾隆皇帝的感情，他修建此塔的目的就是如此。

18 世纪前期，吐鲁番地区经常受到准格尔部的侵扰，额敏和卓率众抵抗，虽然多次获胜，但长期的战争使当地军民身陷水火之中。当清朝军队进军吐鲁番时，额敏和卓便毅然率众归附，成为新疆地区最早归顺清朝的地方首领之一。额敏投附清朝后，吐鲁番仍然不断受到准噶尔部的侵扰。1732 年，在清军的支援和接应下，额敏和卓率维吾尔族人民万余人迁往甘肃瓜州（今安西县），垦地自养。20 多年后，额敏和卓率众返回吐鲁番。在此后的岁月中，额敏和卓在清政府的统一指挥下，编练本地人马为"旗队"，积极参加了平定准噶尔、吐鲁番达尔汗伯克以及大小和卓等一系列叛乱，为维护祖国统一作出了重大贡献，因此受到了清政府和乾隆皇帝的赞扬和恩宠，被册封为镇国公、郡王，享受了"世袭罔替"的殊荣。清朝政府还将吐鲁番地区原来的官屯土地，大部分授给了额敏和卓及其所属的维吾尔族人民，使他们在回归故土后有了一个好的生产和生活环境。在清政府的扶植和帮助下，额敏和卓功成名就。追思一生历程，晚年的额敏和卓感慨万千，决定以建塔方式表达对其所信仰的安拉和给予其殊荣的乾隆皇帝的报恩之情。

麻扎

麻扎是新疆最为神圣和神秘的事物。其原意是伊斯兰教显贵的坟

墓，但是许多帝王、学者、名人的坟墓也成了麻扎，而以动植物命名的麻扎也不在少数。

新疆的麻扎分为五类：第一类是为伊斯兰教在新疆的传播作出贡献的伊斯兰教统治者的麻扎，诸如新疆第一位接受伊斯兰教的喀喇汗王朝可汗萨图克·布格拉汗的麻扎、第一位接受伊斯兰教的察合台汗国可汗秃黑鲁·帖木儿汗的麻扎。第二类是在宗教战争中阵亡的穆斯林将士的麻扎，如在和田宗教战争中阵亡的阿尔斯尔汗的麻扎、四伊玛目麻扎。第三类是苏菲派首领的麻扎，如阿帕克和卓麻扎、穆罕默德·谢里甫和卓麻扎。第四类是著名穆斯林学者的麻扎，如11世纪的名著《突厥语大词典》作者马赫穆德·喀什葛里和《福乐智慧》作者玉素甫·哈斯·哈吉甫的麻扎。第五类是其他麻扎，如鸽子麻扎、蛇麻扎、桑子麻扎等以动植物命名的麻扎，以及白胡子老人麻扎、独身男子麻扎等其他名目繁多的麻扎。

麻扎形制多样，按照建筑规模大致分为三类。第一类是大型麻扎，多为庭院式或宫殿式群体建筑，主体建筑高大宏伟，装饰精美，有清真寺、教经堂、大门楼、唤礼塔等附属建筑。这类麻扎一般都位于城镇或城郊风景区。第二类是中型麻扎，墓室多为

穆罕默德·谢里甫和卓麻扎

土木结构的平顶房,周围建有围墙,附属建筑较少。第三类是小型麻扎,仅有沙石或泥土堆积的土坟,无附属建筑。无论哪种类型的麻扎,几乎无一例外都有人朝拜,都有朝拜者在麻扎周围插的树枝、悬挂的小旗、布条、牛尾、羊角、羊皮等饰物。十九世纪中期清朝著名官员林则徐流放新疆期间,曾对这一现象感到新奇,在他所作的一首《竹枝词》中写道:"何独叩头麻乍尔(麻扎),长杆高挂马牛牦。"

新疆的麻扎很多,著名的就有几十座,每座麻扎都有它们的独特之处。

阿帕克和卓麻扎

阿帕克和卓麻扎是明末清初新疆伊斯兰教白山派著名首领阿帕克和卓及其家族的陵墓,位于喀什市东郊约 5 公里,始建于 1670 年。阿帕克和卓家族是新疆历史上最著名的和卓家族之一。"和卓"的波斯语原意是"先生",在伊斯兰教中特指创始人穆罕默德的后裔,即"圣裔"。阿帕克和卓家族以"圣裔"身份发展了大量信徒,成为明末清初(17世纪中叶)新疆最显赫的封建宗教家族。历史上曾多次增建和扩建,1874 年的一次大规模扩建后形成了今天的规模。

麻扎占地约 4.7 公顷,主要建筑有墓室、门楼、礼拜寺、教经堂、大水池等。各个建筑自成一体,风格各异,又彼此有机衔接、相互辉映,形成一个布局合理、完整精美的庞大建筑群。墓室位于陵园东侧,是该建筑群体的主体建筑,属于阿拉伯建筑风格。底部方形,宽 35 米,纵深 29 米,上部为直径 17 米的巨大穹窿,通高 26 米。四隅各有一座半嵌入墙中的圆柱形邦克楼,内有阶梯可供登临。穹窿下宽敞的墓室中排列着阿帕克和卓家族 5 代 72 座坟头(现存 58 座),通体以苍绿间蓝、黄等色的琉璃砖贴面。整个墓室巍峨宏丽,庄严肃穆,充满了浓厚的宗教气息。院内沟渠纵横,广植各种树木花草,院外绿荫掩映着一池碧水,景色清幽。

这座麻扎在新疆和中亚都久负盛名,是新疆现存规模最大的伊斯兰教建筑，是新疆伊斯兰教陵墓建筑的顶尖之作，它充分显示了维吾尔族的建筑天才和智慧，是不可多得的艺术佳作。1988年被国务院列为国家级重点文物保护单位。

在这座麻扎的背后，还有一段脍炙人口的香妃故事，在新疆喀什一带民间广为流传，无疑这又为阿帕克和卓麻扎增添了一层神秘的色彩，吸引着众多的国内外游客到喀什来亲眼看一看想象中的"香妃墓"。

香妃，名叫伊帕尔汗，是出生于叶尔羌河畔的一名维吾尔族女子。公元1760年，她和她的叔叔一起到了北京，不久就入选进宫，嫁给了乾隆皇帝，封为"容妃"。由于她保持着新疆维吾尔族妇女的生活习惯，头上爱戴沙枣花，身上有一股浓郁的沙枣花香，所以被人们称

喀什市阿帕克和卓麻扎

香妃墓内景

为香妃。后来，香妃不幸病故，遗体由她的嫂子苏黛香护送至喀什噶尔，并为她修建陵墓。苏黛香在喀什噶尔住了五年，为当地群众办了不少好事，深受人民爱戴。人们亲切的称她为迪丽夏提小姐。苏黛香死后也安葬在这座陵墓里。这个优美的传说故事世代流传，一直作为民族友好的佳话被人们传诵。

关于香妃，当地百姓中还有一些有趣的风俗。有些妇女不论是已婚或未婚，当她们在生活中遇到某些不顺心的事或者有某种愿望时，常不择路途远近来到陵墓，手扶墓墙哭诉心中的苦闷，或念叨心中的愿望，直到心中感到舒畅之后，才快快地离去。有些想生孩子的妇女除了祈愿之外，临行时还把一条细长的红布条用小棍插入墓墙缝内。这样的一些风俗至今还在许多群众中沿袭着。

香妃的故事给了人们如此众多的美好回忆，寄托着人们许许多多美好的愿望。

多元新疆

加帕尔·萨迪克麻扎

假托伊斯兰教什叶派第六代伊玛目加帕尔·萨迪克之名建造的麻
扎，又称"民丰大麻扎"，位于民丰县尼雅乡，始建年代不详。麻扎
建在一座大沙丘上，墓室为木结构平顶房，形式单调简陋，但由朝拜
者敬献的各种饰物却非常多。墓室内外到处都挂着旗子锦幛，以及各
式各样的铜、铁、木质雕凿、镂刻饰物。麻扎有附属清真寺3座、教
经堂1座、房屋40多间。据考证，这座麻扎的名义纯属讹传，墓主
一生从未到过新疆，但和田民间却长期流传着他来新疆传教和殉教的
故事，这些故事甚至还被载入方志，被后人当作史实。这座麻扎是对
新疆社会影响最大的麻扎之一，当地穆斯林有"朝拜加帕尔·萨迪克

和田麻扎朝拜

134

麻扎三次，等于朝觐克尔白（中国穆斯林又称其为'天房'，指麦加'圣寺'中的方形石殿）"之说。新疆、甘肃、青海、宁夏等地每年都有不少穆斯林前来朝拜。

麻扎在朝拜者心中有无所不能的"神通"：它可以保佑朝拜者现世生活美满，来世进入天堂，可以满足朝拜者的一切愿望。所以，前去求理想配偶、婚姻美满，求妇贤子孝、老有所养、求子求女者有之；求五谷丰登、生意兴隆、生活富裕者有之；告阴状，求麻扎惩治仇人者亦有之……麻扎还是包医百病的神医，麻扎上的黄土、小虫均无病不治。麻扎的这些"神通"，吸引着成千上万的朝拜者，有些麻扎一年的朝拜者可达数万甚至数十万。

玉素甫·哈斯·哈吉甫麻扎

玉素甫·哈斯·哈吉甫麻扎坐落在喀什市内体育路，占地965平方米。麻扎坐北朝南，呈长方形，正门宽4.2米高8米，正门两侧有一座高达8.7米的贺柱形塔楼，由陵墓、墓葬群、门楼和主墓室组成，主墓室外方内圆，上覆穹窿顶，顶正中有一个小塔楼陵墓布局独特、宏伟古朴、肃穆，具有浓郁的民族风格。

玉素甫·哈斯·哈吉甫纪念像

　　玉素甫·哈斯·哈吉甫是 11 世纪维吾尔族诗人、学者和思想家。1019 年出生于喀喇汗王朝的西都巴拉沙衮（即虎思翰尔朵，今吉尔吉斯斯坦托克马克市以西）一个名门贵族之家。青年时为了求学来到王都喀什噶尔，就读于皇家经文学院。学成后，进入喀什噶尔的宫廷中供职。1069 年，他写成了训诫性长诗《福乐智慧》，献给了喀喇汗王朝大汗苏来曼·布格拉汗，很受大汗赏识，赐他"哈斯·哈吉甫"（亲随侍卫官）。此后他便以玉素甫·哈斯·哈吉甫之名传世。

　　11 世纪末，玉素甫·哈斯·哈吉甫在喀什噶尔去世，初安葬在今喀什市东南部吐曼河畔一个名叫"巴日尕"（维吾尔语为军营）的地方。16 世纪中叶，叶尔羌汗国第二代君主阿不都·热西提汗将旧墓迁到喀什噶尔城南门外的"阿勒吞鲁克"（王室陵园）内，也就是今天的麻扎所在地。

喀什市玉素甫·哈斯·哈吉甫麻扎

玉素甫·哈斯·哈吉甫麻扎内景

《福乐智慧》（"带来幸福的知识"）是历史上第一部用回鹘文抄写并标明年代的重要文献，语言清新、形象、生动，其内容涉及政治、经济、军事、法律等重大社会问题，在突厥语诸民族文学史上具有极高的艺术价值和研究价值，也是研究喀喇汗朝的重要史料，是耸立在维吾尔古文化史上的第一座文学丰碑。

马赫穆德·喀什噶里麻扎

该麻扎位于喀什市西南 45 公里的疏附县乌帕尔乡艾孜来特毛拉山山岗上，这里环境清幽，林木葱翠，气候宜人。现在的陵墓是1985 年重修的。陵墓侧有一清真寺，供信奉伊斯兰教游客和附近村民祈祷之用。陵墓北侧有一文物陈列室，陈列着《突厥语大词典》和马赫穆德·喀什噶里的生平介绍等有关书籍与资料。陵墓的正前方有一眼清泉，人们称之为"神泉圣水"。泉边有一丛古杨，树干苍老道劲，枝繁叶茂，被视为一大奇观。其陵园深受新疆各族人民的景仰，伊斯兰学者往往将自己喜爱的书籍及专著奉献给这一陵园，使它成为别具

特色的图书馆，人们尊称之为海孜里提·毛拉姆（意为"尊敬的学者的陵墓"）。

马赫穆德·喀什噶里生于 1008 年，卒于 1105 年，是 11 世纪我国维吾尔族著名语言学家。他的生平事迹鲜为人知，只知他从小受过良好教育，曾自称出身于"一个古老部落"，在一场宫廷政变中幸免于难，后四处流浪，潜心研究语言和社会生活。1074 年，他用阿拉伯文写成了《突厥语大词典》，后人称之为喀喇汗王朝社会生活的百科全书。他的晚年是在喀什度

马赫穆德·喀什噶里雕像

过的，死后人们把他安葬在今天的疏附县乌帕尔乡，这就是著名的马赫穆德·喀什噶里麻扎。

《突厥语大词典》结构严谨，条目清晰，收进的辞汇极为丰富，堪称一部关于突厥文化的百科全书，不仅对研究中亚各国的历史、地理、民俗风情、社会生活、文学艺术等有很高的价值，而且为研究突厥语诸部族的历史、地理、物产和民俗提供了宝贵资料。这部巨著被许多国家用十多种文字出版发行，成为中国和世界文化艺术宝库中的珍品，与《福乐智慧》一道并列为喀喇汗王朝的两大文化成果，深受后人的尊崇。

马赫穆德·喀什噶里麻扎

吐峪沟麻扎

吐峪沟位于吐鲁番盆地北缘，是古书称之为"赤石山"的火焰山的一部分，也是丝绸之路的要冲。地处鄯善县境内火焰山中段，北起苏巴什村，南到麻扎村，西南距高昌古城 13 公里，南北两端有公路联通，峡谷约长 12.5 公里，面积 12 平方公里左右。

吐峪沟，古称"丁古口"，维吾尔语意为"不通"。这"不通"的吐峪沟是如何通的？在当地流传着动人的传说：很久以前，吐峪沟苏贝希村有个歌声甜美无比的美丽少女，她的嗓音让人迷恋。居住在山南的英俊少年爱上了她，为了一吐相思之情，面对"不通"的吐峪沟，少年无视艰难，挑灯夜战，勇敢地劈山填壑，终于凿通了山谷，有情人终成眷属。至今，峭壁之上仍完好地保存着一个像神龛似的洞穴，那就是当年男子夜晚放灯的灯台。

吐峪沟总给人一种神秘的感觉，是一个独具魅力的文化之地，有开凿于西晋十六国时代的吐峪沟千佛洞；有清真大寺；有藏传佛教大

吐峪沟古墓群

寺院遗址，是世界两大著名宗教文化的交汇地，同是也是世界伊斯兰教七大圣地之一，是中国第一大伊斯兰教圣地，史有"东方小麦加"之称。

吐峪沟麻扎中最著名的是有 1300 多年历史的艾斯哈布凯海夫（波斯语，意为"圣人住的洞穴"）麻扎，即"七贤祠"，位于吐峪沟千佛洞西南沟谷口，俗称"七圣人墓"，维吾尔语称"阿普萨尔"。

传说伊斯兰教产生以前，也门的叶木乃哈等六人到东方寻求"天意"，历尽艰辛，终于来到吐峪沟一带。有一天，他们看见一带犬牧羊人因母亲病危而跪坐在大峡谷中的大石上哭泣，于是率领众弟子来到牧羊人家的院内面向西方跪下，手捧经书，开始修行。300 年以后，这六个人出来购买食物，人们从他们使用的货币了解到，这六个人都是 300 年前的人。购买食物之后，他们又回到洞里继续修行。最后，这六个人都修成了圣人。现在，洞中仍有犬状石。

吐峪沟的伊斯兰教文化有区别于其他地方的独特之处。在麻扎前裹着布的柱子是旗杆，原本是作为引导教徒朝觐的标志树立的。传说虔诚的穆斯林在旗杆上绑白色的布条，就可以驱除病痛，祈福消灾。但也有资料说，绑着白布的柱子是萨满教的遗存。另外，在吐峪沟，妇女可以进入清真寺参加宗教活动，这在新疆极为罕见。

特别值得一提的是，许多作为伊斯兰教圣地的麻扎，原来竟是佛教或其他宗教的圣地。英国人斯坦因在和田进行长期探险考察后在其《西域考古记》中说过，现在许多伊斯兰教的麻扎，他几乎可以指出哪些原来是佛教的圣地。比如和田的克赫玛里木麻扎，是当地有名的麻扎之一，据穆斯林传说，这座麻扎是来和田传教的一位和卓的坟墓，朝拜者如果虔诚朝拜祈祷，这位和卓就会显现为一条蛇，凡是能看到蛇的人，都能得到麻扎的保佑，所以朝拜者很多。其实这里原来是佛教的圣地，麻扎所在的山属喀喇昆仑山系，唐代称为"牛头山"，又称"牛角山""瞿室陵伽山"，该山作为"瑞象"出现在敦煌千佛洞的壁画中。传说释迦牟尼时代这里就建有大宝塔，释迦牟尼曾从印度灵鹫山飞来这里讲法。佛教传入新疆后不久，就在"牛头山"中建造了三座大寺，佛事十分兴盛。许多西行求法的高僧如法显、玄奘等途经和田时都曾在那里驻锡、弘法，玄奘还把他在"牛头山"的所见所闻记入其《大唐西域记》中。

墨玉县鸽子麻扎的情况也颇为相似。据当地穆斯林传说，某和卓从阿拉伯来和田传教，在皮山战死后，从其心脏中飞出两只鸽子，后滋生繁衍，人们纷纷投食喂养，并专门建造了鸽房供其栖息。据传说，清朝时，这里的鸽子还曾两次把平定和卓叛乱在此迷路的清军引出荒漠，挽救了清军。这座麻扎就是《大唐西域记》中的"鼠壤坟"。玄奘曾以一章的篇幅专门记述了关于"鼠壤坟的故事"，描述了于阗举国敬鼠拜鼠的情况。

吐峪沟"洞中人"麻扎

　　总的来看，麻扎不只是伊斯兰教圣徒崇拜的产物，也是祖先崇拜、坟墓崇拜、动植物崇拜的遗留和延续。至于这些伊斯兰教的圣地原来多为佛教或其他宗教的圣地，也是很自然、正常的，因为伊斯兰教在这里扎下根来，必然要迁就和利用人们对传统圣地的感情和崇拜心理。这正是伊斯兰教适应性强的表现。

　　麻扎还是一部无字的新疆伊斯兰教史，著名的麻扎大多是对新疆伊斯兰教历史产生过重要影响的人物的麻扎，游览并了解这些麻扎，人们也就基本了解了新疆伊斯兰教的历史。

　　新疆的麻扎星罗棋布，遍及天山南北。一座麻扎有一段历史故事，一座麻扎有一个传奇神话，他们是宗教的圣地，也是游览的佳境。

和谐共存的宗教政策

新中国成立以来，中国政府结合本国宗教实际，制定了宗教信仰自由政策。按照这一政策，每个公民既有信仰宗教的自由，也有不信仰宗教的自由；有信仰这种宗教的自由，也有信仰那种宗教的自由；在同一宗教里，有信仰这个教派的自由，也有信仰那个教派的自由；有过去不信教而现在信教的自由，也有过去信教而现在不信教的自由。简单来说可以归纳为两个方面：既有信教的自由，也有不信教的自由。宗教信仰自由政策的实质，就是要使宗教信仰问题成为公民个人自由选择的问题，成为公民个人的私事，公民个人自由选择。尊重和保护宗教信仰自由，是中国政府对待宗教问题的一项长期的基本政策。宗教信仰自由作为公民的一项基本权利，载入中国宪法，得到了宪法和法律的保障。

新中国成立以来，中国宗教信仰自由政策的贯彻实施和对宗教事务的依法管理，促进了新疆各宗教的和睦相处，信教和不信教公民以及不同宗教信仰公民的相互尊重和理解，各族群众没有因为宗教信仰的不同和教派的不同而产生矛盾和冲突，各宗教都逐渐步入了良性发展的道路，宗教工作取得了巨大成就。

当代新疆宗教现状

经过长期的演变和发展，自近代开始，新疆地区形成了以伊斯兰教为主要宗教、多种宗教并存的基本格局。现有宗教为伊斯兰教、佛教（汉传佛教、藏传佛教）、基督教、天主教、东正教、道教。另外，萨满信仰在一些民族中仍有遗存。

伊斯兰教

目前伊斯兰教仍然是新疆地区信仰民族和人口最多、分布地域最广、社会影响最大的宗教。新疆现有 10 个少数民族的大多数群众信

伊禅派活动（墨玉）

仰伊斯兰教，占全疆总人口的 50% 以上。新疆伊斯兰教教派主要有逊尼派、什叶派和从教义方面来讲属于逊尼派的苏菲派。除塔吉克族外，逊尼派在信仰伊斯兰教的各民族中都是主要教派，人数约占新疆穆斯林总数的 90% 以上。什叶派在新疆有两个支派，塔吉克族信奉其中的伊斯玛仪派（又称"七伊玛目派"），一部分维吾尔人信奉"十二伊玛目"派。苏菲派是伊斯兰教的神秘主义派别，维吾尔人称为"依禅派"，传入回族以后，形成了门宦。

　　伊斯兰教清真寺由改革开放之初的 2000 多座发展到现在的约 2.43 万座，教职人员由 3000 多人增加到 2.8 万多人，满足了信教群众的需要。新疆一大批清真寺被列入国家、自治区、县级重点文物保护单位。1999 年中央政府就拨款 760 万元人民币用于重修乌鲁木齐的洋行大寺、伊宁拜图拉清真寺、和田加麦大寺。喀什艾提尕尔清真

寺、香妃墓（阿帕克和卓麻扎）和吐鲁番苏公塔，多次由政府拨款修
缮。仅 2008 年国家就拨款 3300 万元人民币，用于艾提尕尔大清真寺
和香妃墓的修缮。

乌鲁木齐洋行寺

为保证宗教人士和信教群众能获得经文等宗教读物，在新疆翻译、出版和发行了维吾尔、哈萨克、汉、柯尔克孜等多种文字和版本的《古兰经》《布哈里圣训实录精华》《卧尔兹选编》《新编卧尔兹演讲集》等一批伊斯兰

新疆墨玉县文馆所保存的一部用桑皮纸书写的《古兰经》，据考证，这本书有100多年的历史了。虽然有些陈旧，但是每一个字都可以看得清清楚楚。

教经典和宗教书刊。发行了《中国穆斯林》杂志维吾尔文版。为方便信教群众，各地还批准设立了专营宗教书刊的销售点。第二次中央新疆工作座谈会上，中央提出要依法保障信教群众正常宗教需求，尊重信教群众的习俗，稳步拓宽信教群众正确掌握宗教常识的合法渠道。这表明中央对进一步贯彻好宗教信仰自由政策提出了新的要求。

新疆伊斯兰教经学院自1987年成立以来，为全疆各地培养了大批伊玛目、哈提甫和宗教教师。由各地（州、市）伊斯兰教协会举办的经文学校、经文班和宗教人士代培的塔里甫，已有不少担任了宗教教职。从2001年开始，为了培养高层次的伊斯兰教教职人员，新疆先后选派47人赴埃及、巴基斯坦等伊斯兰国家的伊斯兰教高等学府留学深造。

随着人民生活水平的提高，20世纪80年代以来，新疆赴沙特朝觐的人数已累计超过5万人，近年朝觐人数保持在每年2700人左右。自治区伊斯兰教经学院学生参加国际国内《古兰经》诵经比赛，并取得了良好成绩。公民的信教自由和参加正常宗教活动的权利得到了有效保障。

　　无论哪一教派的穆斯林，都十分重视伊斯兰教的两大传统节日——古尔邦节和肉孜节。为让各族群众欢度佳节，国家规定古尔邦节放假三天，肉孜节放假一天。到了节日那天，一大早，身穿节日盛装的穆斯林就纷纷前往清真寺参加节日礼拜。除上述两大节日外，新疆穆斯林还比较重视伊斯兰教的其他节日，如"圣纪""阿述拉节""白拉台节"。

佛教

　　在新疆佛教分为汉传佛教和藏传佛教两种。汉传佛教曾是新疆历史上流布时间最长、信教人数最多、社会影响最大、文化遗存最丰富

巴州藏传佛教寺院

的宗教。自 16 世纪其主要宗教地位被伊斯兰教取代后，便急剧衰落，直到清朝统一新疆后，才有所复兴。藏传佛教即俗称的"喇嘛教"，虽然传入新疆较早，但影响很小，直到明朝才随着信仰藏传佛教的卫拉特蒙古进入新疆而兴盛起来。从那时起到现在，藏传佛教在新疆一直是仅次于伊斯兰教的第二大宗教。

目前，信仰汉传佛教的主要是汉、满等民族，由于人们大多是在家吃斋念佛、烧香拜菩萨，因此，信徒人数难以确切统计，目前经常参加佛教活动的约 1 万人。汉传佛教主要分布在乌鲁木齐、昌吉、哈密等汉族较为集中的地区。信仰藏传佛教的主要有蒙古族、锡伯族、藏族等民族，总人口近 20 万，主要分布在巴音郭楞和博尔塔拉两个蒙古自治州、布克赛尔蒙古自治县、察布查尔锡伯自治县。

基督教

在中国，这是对基督教新教的专称，又称"耶稣教"。基督教传入新疆较早，但直到 20 世纪初，才有所发展，主要由外国传教士在

乌鲁木齐基督教堂圣诞节

149

乌鲁木齐、昌吉、米泉、哈密、阿克苏、喀什、塔城、伊犁等地建立了一些教堂。1949 年中华人民共和国成立前,全疆共有基督教教堂20 多座,信徒 1000 余人,教职人员 10 余人。20 世纪 80 年代以来,基督教在新疆发展迅速。80 年代中期,新疆基督教徒仅有 4000 多人,目前已发展到 4 万多人,是近年来新疆发展最快的宗教。信徒主要分布在乌鲁木齐、昌吉、哈密、伊犁等地区以及生产建设兵团的一些农牧团场。

天主教

19 世纪末由外国传教士传入新疆,但一直没有重大发展。解放前在乌鲁木齐、伊犁、哈密、昌吉等一些地区建立了教堂,发展了教徒,但人数不多。解放后,天主教的活动基本停止,改革开放后,又逐步恢复了活动,并有了较大发展。目前,新疆的天主教徒已有 4000 余人,主要分布在乌鲁木齐、昌吉回族自治州和伊宁市。

乌鲁木齐天主教堂

东正教

18 世纪后期，东正教随迁入新疆伊犁、塔城地区的俄罗斯人而传入新疆。以后，又陆续有俄罗斯族迁入，使东正教在新疆有了较大的发展。东正教在新疆的延续主要依靠新疆俄罗斯族人口数量的增加，这种状况一直持续到现在。目前，俄罗斯族总人口约 11000 多人，他们普遍信仰东正教，但经常参加宗教活动的很少，只有几百人。复活节、圣诞节参加庆祝活动的人虽然很多，但这些宗教节日已被大多数人当作俄罗斯族民族传统节日来庆祝了。信徒分布基本与俄罗斯族的生活地域一致，主要在伊犁、塔城、乌鲁木齐等地。现有东正教堂 2 座，活动点 1 处，没有专职的教职人员。

道教

道教是传入新疆较早的宗教之一，但历史上没有得

伊宁市东正教堂

乌鲁木齐东正教堂复活节

乌鲁木齐东正教堂复活节彩鸡蛋

到广泛传播，主要在吐鲁番、哈密等地一度较为盛行。清代，随着信仰道教的清军的到来，道教在新疆进入了发展的鼎盛时期。当时，天山南北的大部分地区，都修建了道教的道观，今乌鲁木齐就有数十处。清末道教已趋于衰落，仅有道士283人。20世纪50年代后，随着道士逐渐从俗，新疆的道教活动基本停止。现在，新疆道教有道观2座，活动点1处，信徒约100余人，主要分布在乌鲁木齐和昌吉地区。

认真落实宗教信仰自由政策

宗教信仰自由政策在新疆得到了有效贯彻，保障了各族人民信教和不信教的自由权利。新疆和平解放初，新疆维吾尔自治区党委和人民政府从新疆少数民族信教群众多、宗教影响深和不了解党的宗教政策的实际情况出发，在宣传贯彻党的宗教信仰自由政策时采取了"慎重稳进"的方针，要求在宗教人士和信教群众中，突出宣传信教自由

哈密维吾尔农民艺术团在歌唱纪念党的生日

的一面，暂不宣传不信教也有自由的一面；但在党员、干部中可以宣传信教自由和不信教自由两个方面。打消了宗教人士和信教群众认为共产党要消灭宗教的顾虑，有效地改变了思想教育和政治宣传时间短、宗教人士和信教群众不理解、敌人造谣惑众的不利状况，把各族人民团结在党和政府周围，保证了土地改革和社会主义改造的顺利进行。

1958 年，通过实行宗教制度的民主改革，废除了宗教封建剥削和压迫制度，保障了宗教信仰自由和信教群众的利益，也促进了宗教与社会主义社会的相适应。

十一届三中全会以后，党中央全面落实党的宗教信仰自由政策，使党的宗教信仰自由政策日益深入人心。

20 世纪 90 年代以来，新疆维吾尔自治区党委、人民政府坚持全面正确地宣传贯彻党的宗教信仰自由政策，而且强调，在多数群众不信教的地方要注意尊重和保护少数信教群众的合法权利，在多数群众信教的地方要注意尊重和保护少数不信教群众的合法权利，使信教群众和不信教群众团结起来，共同致力于社会主义现代化建设事业。

对宗教人士政治上团结、生活上照顾。截至目前，新疆宗教界人士在各级人民代表大会、政治协商会议担任职务的有 1800 多人，他们代表信教群众积极参政议政，并对政府贯彻宗教信仰自由政策进行监督。解放以来，新疆各级政府从未间断对宗教界上层人士进行定期定额生活补助、医疗和丧葬补助、重大节日慰问，把党的温暖送到他们手中。

恢复和建立各级爱国宗教团体，重视发挥其积极作用。改革开放前，新疆的爱国宗教团体只有新疆维吾尔自治区伊斯兰教协会。十一届三中全会以后，自治区把恢复和建立爱国宗教团体作为贯彻落实宗教政策的重要内容，很快就恢复了新疆维吾尔自治区伊斯兰教协会，并批准建立了各级爱国宗教团体。1982 年以后，新疆共恢复和新建宗教团体 91 个。政府依法保障各宗教团体的合法权益，支持他们在

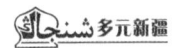

政策法律允许的范围内,自主开展教务活动。在宗教教职人员的培养、教育、管理、宗教学校的设置以及开展国际间宗教文化交流等方面,各级宗教团体都发挥了重要作用。

培养爱国宗教教职人员。通过举办学习班、座谈会、参观考察等多种方式,坚持不懈、耐心地对他们进行爱国守法、拥护社会主义、拥护祖国统一、维护民族团结、反对民族分裂主义和宗教极端主义、反对暴力恐怖主义等教育,并根据宗教界人士的不同情况,组织他们参加力所能及的生产劳动、社会服务、宗教学术研究、爱国的社会主义政治活动和国际友好往来,以调动他们的积极性为社会主义现代化建设服务。

依法加强对宗教事务的管理

依法管理宗教事务,是当今世界各国的通例。20 世纪 90 年代初,根据依法治国的理念和我国宗教出现的新情况,中央制定了"依法管理宗教事务"的政策。

依法对宗教事务进行管理,是指政府对有关宗教的法律、法规和政策的实施进行行政管理和监督,保证公民的宗教信仰自由权利,而不是去干涉宗教的内部事务。依法管理宗教事务的要旨,是"保护合法、制止非法、抵御渗透、遏制极端、打击犯罪"。

新疆维吾尔自治区党委、人民政府在依法管理宗教事务方面做了大量工作,进行了积极的探索,积累了丰富的经验,取得了显著的成绩。

(1)加强了宗教法制建设。1988 年以来,自治区人民政府先后颁布实施了《新疆维吾尔自治区宗教活动场所管理暂行规定》《新疆维吾尔自治区宗教教职人员管理暂行规定》和《新疆维吾尔自治区宗教活动管理暂行规定》。在此基础上,1994 年新疆维吾尔自治区人大颁布实施了《新疆维吾尔自治区宗教事务管理条例》。这些规章、法

新疆各民族是一个大家庭

规的颁布，为依法管理宗教事务提供了有力的法律武器，使新疆对宗教事务的管理迈入了法治化阶段。

（2）建立健全了四级宗教事务管理网络，实行了责任制。20 世纪 90 年代以后，建立了地、县、乡、村宗教工作领导小组，形成了四级管理网络。各地根据有关法律法规和文件精神，结合宗教工作实际，制定并全面实施了《领导干部联系清真寺和与宗教人士谈话制度》《宗教活动场所民主管理制度》《宗教教职人员考核、聘任制度》《宗教人士定期学习制度》《宗教活动场所维修、改建、新建审批制度》等规章制度，使管理工作有章可循。

（3）加强了统战宗教工作干部队伍建设。为了保证全面正确贯彻落实党的宗教政策，提高宗教事务管理部门和干部依法行政的能力，自治区加大了对统战和民族、宗教工作干部进行培训的力度。近年来，通过直接培训，新疆维吾尔自治区党校、新疆社会主义学院、地州党校、上级机关帮助培训等方式，培训、轮训宗教工作干部数千人。

（4）依法加强了对宗教活动场所的管理。1996年，依照国家宗教局《宗教活动场所年检办法》，地、县、乡、村普遍成立了宗教活动场所年检工作领导小组，具体负责年检工作，对新疆2.4万余座宗教活动场所进行了年检。同时，各地建立健全了宗教活动场所民主管理组织，建立了宗教活动场所的学习、财务、管理等制度，明确了责任。

（5）依法加强了对宗教教职人员的管理。近年来，各地宗教工作部门，通过各种途径加强对宗教教职人员的思想政治教育，为依法管理创造了良好的条件。

（6）依法加强了对宗教活动的管理。新疆维吾尔自治区各级党委和政府依法加强对宗教活动的管理，有效制止了非法宗教活动，取缔了利用宗教进行渗透的活动

坚持独立自主自办的原则

坚持独立自主自办教会和自治、自养、自传，是新中国成立后中国各宗教共同遵守的一个原则。独立自主自办，是指中国的宗教事务由中国的教职人员和教徒自主办理，由中国教徒自己的组织进行管理。坚持独立自主自办的原则，不是搞自我封闭，而是鼓励爱国宗教团体在平等友好的基础上与各国宗教组织和人士进行友好往来，使对外交往得以正常、健康地开展。

抵御和打击境外宗教极端势力的渗透，包括境外敌对势力利用"两教"进行的渗透活动是我新疆宗教工作的重点之一。新疆对境外宗教极端势力的渗透采取了对骨干、首要分子进行重点打击，对受毒害的群众采取了帮扶教育的措施，保障了新疆宗教活动的健康有序进行。

积极引导宗教与社会主义社会相适应

积极引导宗教与社会主义社会相适应，不是要求宗教界人士和信教群众放弃宗教信仰，而是要求他们热爱祖国、拥护社会主义制度、拥护中国共产党的领导，遵守国家的法律、法规和方针政策；要求他们从事的宗教活动要服从和服务于国家的最高利益和中华民族的整体利益；支持他们努力对宗教教义做出符合社会进步要求的阐释；支持他们与各族人民一道反对一切利用宗教进行危害社会主义祖国和人民利益的非法活动，为民族团结、社会发展和祖国统一多做贡献。概括起来就是"两个要求"和"两个支持"。据此，新疆开展了一系列有效的"引导"工作。

（1）广泛开展了"五好宗教人士""五好宗教活动场所"的评选表彰活动。自 1993 年开展"双五好"表彰活动以来，已形成了"县级每年一次，地区每三年一次，自治区每五年一次"的评选表彰制度，调动了宗教界人士从思想上、行动上与社会主义社会相适应的自觉性和为社会主义建设服务的积极性。

（2）积极稳妥地开展伊斯兰教的"解经"工作。1998 年以来，新疆各级党委和政府以及伊斯兰教协会组织讲经、演讲、培训以及各地的讲经示范、演讲比赛等，支持和鼓励宗教界人士对宗教教义、教规作出符合时代发展和社会进步的解释，利用宗教教义、宗教道德和宗教文化中的积极因素为现代化建设服务，有力地批驳了宗教极端分子散布的歪理邪说，使广大穆斯林群众认清了宗教极端分子歪曲伊斯兰教、破坏民族团结、分裂祖国统一的反动本质。

（3）进行爱国主义教育，加强宗教人士队伍的思想建设。建立了宗教人士定期学习制度，通过举办各级政策法律培训班、"三爱一守""三爱"等内容的培训班，坚持不懈地开展爱国主义、社会主义教育。

（4）积极引导宗教界发挥自身优势，为社会主义建设服务。各级党委和政府通过对宗教界的引导教育，调动了宗教界和广大信教群众参加社会主义经济建设的积极性。宗教界通过以寺养寺，兴办各类经济实体，减轻了信教群众的经济负担；带头学科技、学文化，勤劳致富；还兴办慈善事业，扶贫济困，捐资助学，铺路修桥，支援灾区；部分宗教人士还解放思想、更新观念，在本乡本土大力倡导移风易俗、婚丧事简办等，受到群众的赞扬和社会各界的好评；他们带头脱贫致富奔小康，积极投身经济建设，为新疆的社会主义物质文明、精神文明、政治文明、社会文明和生态文明建设做出了贡献。

总之，新中国成立以来，随着党的宗教信仰自由政策得到全面正确的贯彻落实，对宗教事务法治化管理的不断加强，抵御利用宗教进行政治渗透工作的深入开展，引导宗教与社会主义社会相适应工作的顺利进行，新疆宗教工作的形势越来越好。

主要参考文献：

《新疆历史人物》，谷苞等编著，新疆人民出版社1983年。

《丝绸之路上的古代行旅》，田卫疆著，新疆青少年出版社1993年。

《丝绸之路宗教文化》，周菁葆、邱陵著，新疆人民出版社1998年。

《西域文化论稿》，陈冬季、蔡宇知著，新疆美术出版社1999年。

《新疆宗教演变史》，李进新著，新疆人民出版社2003年。

《伊犁历史与文化》，姜崇仑主编、贺灵副主编，新疆人民出版社2004年。

《祖先图腾故事》，新疆民间文艺家协会编，新疆青少年出版社2006年。

《简明新疆宗教史》，马品彦著，新疆人民出版社2009年。

《新疆宗教》，马品彦著，五洲传播出版社2002年。

《维吾尔人宗教生活的人类学考察》张国云，中央民族大学博士论文库2006年。

《中国穆斯林的朝觐之路》，马贤，《纵横》，1998年第12期。

《清真寺在维吾尔族社会生活中的作用》，阿孜古丽·吾甫尔，《中国穆斯林》，2009年第3期。

《乌鲁木齐市陕西大寺历史考略》，陈刚，马德礼，《中国穆斯林》，2013年第1期。

《维吾尔人名的文化内涵及其汉译》，刘毅，新疆师范大学2011年硕士论文。

《维吾尔族割礼仪式及其变迁——从乡村到城市的嬗变》，迪丽拜尔·苏来曼，《新疆社会科学》，2007年第4期。

《参加维吾尔族割礼》，韩连赟，《旅游纵览》，2003年第3期。

《割礼的习俗》，楼望皓，《新疆人大》，1995年12月。

《维吾尔族民俗文化》，新疆维吾尔自治区对外文化交流协会编，新疆美术摄影出版社、新疆电子音像出版社 2006 年。

《塔吉克族民俗文化》，新疆维吾尔自治区对外文化交流协会编，新疆美术摄影出版社、新疆电子音像出版社 2006 年。

《清真寺的由来》，田忠福，《世界宗教文化》2001 年 6 月 30 日。

《伊斯兰教的发展与清真寺的建立》，高永久，《兰州大学学报》（社会科学版）1994 年 1 月 28 日。